보수에서 극우로

공화당의 추락과 미국 정치의 위기

보수에서 극우로

2022년 8월 5일 초판 1쇄 펴냄

지은이 김평호
편집 박장호
펴낸이 신길순

펴낸곳 (주)도서출판 삼인
전화 02-322-1845
팩스 02-322-1846
이메일 saminbooks@naver.com
등록 1996년 9월 16일 제25100-2012-000046호
주소 (03716) 서울시 서대문구 성산로 312 북산빌딩 1층

디자인 끄레디자인
인쇄 수이북스
제책 은정

ISBN 978-89-6436-223-5 03340

값 15,000원

보수에새 극우로

공화당의 추락과 미국 정치의 위기

김평호 지음

삼인

2016년, 한국에서는 무능하고 부패한 대통령 박근혜의 퇴진을 요구하는 촛불이 타올랐다. 같은 해 미국에서는 민주당의 클린턴과 공화당의 트럼프가 맞선 45대 대통령 선거가 진행되었다. 절대다수의 예상을 뒤엎고 트럼프가 당선되는 놀라운 이변이 연출되었다. 지지자들은 물론 심지어 그의 선거 캠프조차도 기대하지 않았던 결과였다. 기존의 정치 질서가 감당하기 어려운 이변이었다. 그런데 훨씬 더 경악스러운 일이 그로부터 4년 후에 벌어졌다. 미국 역사상 최초의 쿠데타가 일어난 것이다. 재선에 실패한 트럼프와 그 일당의 친위 쿠데타.

제도적 전통으로는 지구상에서 가장 오래되었다는 미국의 민주주의, 또 가장 모범적 틀이라는 미국의 민주주의는 이제 트럼프 이전과 이후로 나누어진다 해도 과언이 아니다. 그만큼 트럼프 쿠데타의 의미는 심각하고 미국 민주주의의 위기 또한 범상치 않다. 어떻게 그런 사태가 가능했던 것일까. 이 책은 그 물음에 답해 보고자 하는 시도이다. 내용은 쿠데타를 서슴지 않을 정도로 대담하게(?) 추락한 공화당과 미국 보수에 관한 긴 이야기로, 극우화한 공화당과 보수주의자들의 행태를 거슬러 올라 미국 보수의 과거와 현재, 역사적 변질의 경과 그리고 그것이 초래한 미국 정치의 위기를 비판적 관점에서 짚어 본 것이다.

1980년 레이건 대통령 이래 신보수주의와 신자유주의 이데올로기를 핵심으로 하는 보수주의는 미국 사회의 지배적 이데올로기가 되었다. 주지하다시피 신보수주의는 패권적 외교 이론으로 미국의 대외 정책을 좌우하는 이념이 되었고, 신자유주의는 미국만이 아니라 전 세계 자본주의 국가들의 지배 이데올로기가 되었다. 국가와 자본의 강화를 동시에 추동하는 신보수-신자유 체제에서 미국의 보수는 극우로 변했고, 변해 가고 있다.

공화당과 미국 보수가 극우로 추락한 것은 스스로 지은 역사의 결과물이다. 백인종주의를 근간으로 하는 트럼프 현상은 예외적 돌출이 아니다. 트럼프는 지나가는 인물이겠지만 트럼프 현상은 그렇지 않다. 그런 의미에서 민주당의 2020년 대선 승리는 변곡점일 뿐, 미국 보수의 극우화 경향을 종식시킨 것이 아니다. 주지하다시피 미국에서 진보의 경험은 유럽에 비해 매우 빈곤하다. 진보와 보수가 상호 견제하면서 정치가 성장하는 역사적 경험은 사회 발전에 긍정적이다. 논쟁의 여지는 있지만 건국 초기부터 미국은 보수 우위의 지평 속에서 나라의 길을 개척해 왔다. 반면 진보는 정치적·사회적·경제적 탄압과 질시 속에서 고난의 행군을 할 수밖에 없었다. 이 때문에 미국의 보수는 성숙한 비판과 실질적 역량을 갖춘 대안 세력에 맞닥뜨린 경험이 부족하다. 그런 의미에서 미국의 보수는 몸집은 크지만 미숙한 집단으로 정체되어 있다. 미숙한 상태로 정체된 집단의 추락은 필연이다. 미국 보수의 극우화 경향에 주목해야 하는 까닭이다.

이런 생각에서 출발한 이 책은 '공화당으로 대변되는 미국 보수의 실체는 무엇이며, 어떤 맥락과 역사 속에서 성장했고, 왜 극우의 길로 가고 있는가'라는 물음을 풀어 보고자 한다. 그 질문을 던져야 하는 이유는 신보수-신자유주의를 핵심으로 하는 보수주의가 미국을 움직이는 가장 크고 힘센 이데올로기이며 가장 위험한 이데올로기이기 때문이다. 또 그것이 오늘날 미국의 문제를 낳는 핵심 원인 중 하나이기 때문이다.

이 책은 전체 아홉 개의 장으로 구성된다. 이야기의 시작은 쿠데타로 공화당과 미국 보수의 극우적 민낯을 적나라하게 드러낸 트럼프 시대, 트럼프주의와 그 후폭풍으로 풀어 보았다. 대통령 트럼프는 미국의 보수가 어떤 모습으로 변질되었는지를 노골적으로 보여 준 인물이다. 그가 대통령이 된 것과 재선에 실패했으면서도 여전히 강한 정치적 발언권을 가지는 것은 미국 사회 저변에 흐르는 극우·보수의 힘을 보여 주는 매우 적절한 사례이다.

2장에서는 미국 보수란 구체적으로 누구를 지칭하는지, 이들은 무슨 생각과 논리를 가지고 있는지, 어떤 주장을 펴고 있는지 등을 정리했다. 그와 함께 이들이 내세우는 논리의 외양과 사회적 맥락, 보수의 주장이 현실과 부합하지 않는 모순과 거기에서 비롯되는 사회적 문제 등을 함께 정리했다. 또 미국 보수의 모습을 균형적으로 바라볼 수 있도록 유럽 보수의 양상과 비교했다.

3장부터 7장까지는 공화당을 포함한 보수 세력이 헤게모니적 지위에 오르게 된 역사적 과정 그리고 극우화된 오늘날의 모습을 들여다보는 부분이다. 뉴딜에 대한 반동으로 시작된 1950년대의 준비기 그리고 격렬한 변동의 소용돌이 속에서 험난한 시간을 보낸 1960~1970년대 이행기 미국 사회의 모습을 요약했고, 그 안에서 전개된 정치의 변화, 특히 공화당과 보수주의자들의 대응을 정리했다. 이에 더해 같은 시기 미국 보수주의 운동의 최일선에서 현장을 일구고 키워 낸 주체로서, 특히 복음주의파 기독교를 중심으로 하는 '뉴라이트' 집단의 형성과 그들의 활동 그리고 문제점을 짚었다. 이어서 미국 보수의 성공 시대가 시작된 1980년대를 레이건과 그 시대의 사상적 원료인 신자유주의와 신보수주의 이야기로 풀어 보았다. 그리고 부시를 거쳐 작금의 트럼프에 이르기까지 극우로 치닫는 보수 집단의 행태를 이슈 중심으로 짚었다. 극우 미디어, 기독교 국가주의, 백인종주의 등 극우화의 주역과 현상, 이들이 극우로 나아가는 과정과 이유, 극우의 위험성 그리고 그에 연관되어 미국 사회가 앓고 있는 고질적 문제 등을 찾아본 것이다.

8장에서는 극우로 추락한 공화당의 행보와 그것이 초래한 미국 정치의 위기에 대해 살폈다. 특히 공화당의 정치 행태가 적대적 대립과 갈등 유발의 자세로 달라지는 계기인 1990년대 중반의 소위 '깅그리치 혁명'의 내용과 의미, 2020년 대선과 트럼프 쿠데타 이후 공화당이 주도하는 선거법 개악 작업 그리고 향후 중간선거와 대선을 맞는 당의 책략과 그것이 가지고 올 파장에 주목했다. 한편 지금 미국이 당면한 극우의 위협과 민주주의의 위기가 단기적 사태가 아니라는 점, 또 그것이 취약한 진보 세력의 문제이기도 하다는 점에서 시간을 거슬러 미국사에 새겨진 보수 편향의 궤적을 추적했다. 그리고 진보 정치 운동에 억압으로 일관했던 미국 사회의 반동적 구조와 그 역사도 짚었다. 책의 마지막 9장은 결론으로 미국 보수의 행태를 근원적 차원에서 재정리하고, 극우 보수 정치를 넘어서는 대안을 대략적 수준에서 가늠해 보았다. 우선 사회심리학적 관점에서 미국 보수의 대표적 행태인 매카시즘과 트럼피즘의 원인과 배경을 살폈다. 그리고 보수주의가 품고 있는 긍정적 가능성을 찾는 토대로서 전통적 보수주의의 뜻을 다시금 새겼고, 구체적 대안으로 민주사회주의와 합리적 보수주의의 경로를 찾아보았다.

이 책은 미국 정치에 대한 이론적 연구서라기보다 공화당과 미국 보수의 행태를 주제로 현대 미국 정치사의 단면을 짚어 본 교양서이다. 미국 보수를 다룬 국내의 서책이나 논문은 적지 않다. 그러나 전문화된 내용과 서술 방식 때문에 일반 독자들이 전반적인 경과를 이해하기란 쉽지 않다. 이를 감안해 이 책은 미국 보수의 성장과 변질 과정을 구체적 사례와 시대적 맥락, 주요 인물을 중심으로 알기 쉽게 풀었다. 인용 자료도 반드시 필요한 경우에만 각주에 표기해 두었다. 인용 자료 이외에 다른 내용의 각주들도 적지 않다.

주로 본문에서 언급한 사안들과 연관된 구체적 사실 또는 관련 인물들에 대한 보충 및 배경 설명이다.

이 책의 내용이 보수에 대한 비판 일변도라거나 과도한 일반화라는 지적, 또 문제 제기와 비판에 집중했을 뿐 대안 제시에는 소홀했다는 지적도 예상된다. 저자는 이를 적극 환영하며 이를 통해 오히려 많이 배우고자 한다.

한편 독자의 혼동을 피하고자 '이데올로기'라는 용어와 관련해 미리 말해두자면, 이데올로기는 통상 '허위의식', '편견' 등의 비판적 의미로 쓰인다. 그러나 여기에서는 '사상', '사고방식', '생각의 틀'과 같은 의미로, 영어로 하면 '아이디어'가 적합한 단어이다. 그러나 '이데올로기'와 '아이디어'는 뉘앙스가 매우 다르다. 이 책에서는 이데올로기라는 용어가 내용과 취지에 더 부합할 것이라는 판단에 아이디어 대신 이데올로기라는 용어를 썼다.

미국의 문제는 직간접적으로 한국과 이어진다. 그만큼 서로 얽혀 있다. 미국을 읽는 것은 따라서 한 다리 건너 한국을 바라다보는 일이기도 하다. 이 책을 통해 독자들이 이전과는 다른 관점으로 미국과 미국 정치, 나아가 보수주의 이데올로기를 바라볼 수 있게 된다면, 또 한국의 보수에 대해 다시 생각할 수 있게 된다면, 저자로서 소임을 다한 것이 아닐까 생각한다.

2022년 7월
김평호

차례

1

트럼프 쿠데타

2021년 1월 6일 트럼프 지지자들의 의사당 난입 사태 TapTheForwardAssist(CC BY-SA 4.0)

2021년 1월 6일. 250여 년 미국 역사상 처음으로 쿠데타가 발생했다. 현직 대통령 도널드 트럼프가 주도한 친위 쿠데타. 실무 기획자는 트럼프 휘하의 백악관 부하들과 몇몇 공화당 의원들. 쿠데타의 명분은 부정 선거인 2020 대통령 선거에서 당선된 자에게 정권을 이양할 수 없다는 것. 쿠데타 실행의 논리와 기본 틀 작성은 보수 성향의 전직 법대 교수이자 트럼프의 변호사인 존 이스트먼John Eastman. 작전의 핵심은 상·하원 합동 회의에서 대선 결과 추인을 막는 것. 작전 실행자는 합동 회의 의장인 부통령 마이크 펜스Mike Pence. 추인 거부 방식은 행동대원들이 의사당으로 진입, 회의를 물리적으로 방해하는 것. 행동대원은 공화당 일부 상·하원 의원들과 백인종주의 극우 조직 회원. 여기에 집회에 참석한 보통 수준의 백인들—상당수 화이트칼라 직업인들. 예를 들면 변호사, 자영업자, 심지어 2004년 아테네 올림픽과 2008년 베이징 올림픽 수영 금메달리스트까지—은 자발적으로 합류한 것. 그런데 계획에 차질이 생겼다. 부통령 펜스는 쿠데타 계획을 듣고 아버지 부시의 부통령이었던 댄 퀘일Dan Quayle과 자문 변호사 등 여러 사람에게 의견을 구했다. "그것은 헌법을 어기는 범죄 행위입니다." 그들의 한결같은 답이었다. 이후 펜스는 트럼프에게 지시에 따르지 않겠다는 의사를 분명히 밝혔다. 만약 펜스가 트럼프를 따랐다면 1월 6일 사태는 걷잡을 수 없는 혼란과 폭력 사태로 치달았을 것이다. 의사당 난입 분자들이 외친 "펜스를 교수대로!"라는 고함은 흥분 속에서 그냥 터져 나온 고함이 아니다.

이는 그동안의 언론 보도 내용을 중심으로 요점과 진행 경과를 저자가 짤막하게 정리해 본 1·6 쿠데타의 전체 줄거리이다. 사건의 정확한 실체는 현재 하원 특별조사위원회와 FBI 그리고 미 법무부의 광범위한 조사와 수사에 따라 드러날 것이다.

1월 6일 정오, 전날부터 모여든 대규모의 트럼프 지지자들이 2020 선거를 불법 선거, 부정 선거라고 규탄하면서 대통령 트럼프와 함께 백악관 남쪽 건너편 '일립스Ellipse'라고 불리는 공원(대통령 공원이라고도 칭함)에서 집회를 가졌다. 이후 경찰 추산 만에서 만 오천 명에 달하는 참석자들이 의사당으로 행진했고, 오후 1시 반쯤 이들은 의회 경비 경찰과 대치했다. 사망자가 발생하는 격렬한 몸싸움 끝에 소수의 경비 병력을 시위대가 압도했고, 2시경 약 800여 명이 바리케이드를 넘어 의사당 출입구와 창문을 부수고 건물 내부로 난입했다. 그즈음 의사당 내에서는 이미 오후 1시부터 상·하원 합동으로 2020 대선 결과를 추인하는 절차가 의장인 부통령 펜스의 사회로 진행되고 있었다. 그러나 폭도들의 난입 상황이 전달되면서 회의는 이내 중단되었고, 부통령·하원 의장 등을 포함, 의원들은 너나 할 것 없이 의사당에서 탈출(?) 해야 했다. 이후 5시 반경, 군이 동원되고 경찰력이 보강되면서 난입 현장은 정리되었다. 이날 밤 9시, 의회 추인 절차는 속개되었고 밤을 새우는 강행군 끝에 다음 날인 7일 오후 3시 반, 조 바이든Joe Biden의 306 대 232 선거인단 승리를 최종 확인하면서 종료되었다.

의사당 난입과 관련, 미 역사상 최대 규모의 수사가 진행되고 있는 현재 (2022년 1월 6일 시점), 체포된 사람이 700명을 넘고, 그중 400명 이상이 기소되어 재판이 진행되고 있으며, 더 많은 사람이 FBI의 용의선상에 오른 것으로 알려져 있다. 한편 의회는 2021년 7월 1일, 민주당 7명 공화당 2명, 총 9명의 하원 의원으로 구성된 1·6 쿠데타 관련 특별조사위원회를 구성했다. 그동안 위원회는 트럼프 백악관 참모, 공화당 의원들 및 당시 법무장관과 고위 관리, 의회 경찰, 군 등을 대상으로 지속적인 조사와 인터뷰를 진행했으며, 2022년 6월 9일부터는 청문회를 진행해 트럼프 주변 인물과 쿠데타 관련자들 그리고 가족까지 출석시켜 증언을 청취하고 있다. 조사는 일부 트럼프 측근 인사들이 거부하면서 원활치 않은 부분도 있었으나, 청문회는 현재까지(2022년 6월 21일 기준) 큰 문제 없이 순조롭게 진행되고 있다. 위원회는 청문회가 마무리되고 11월 중간선거가 시작되기 전에 쿠데타의 전말과 재발 방지를 위한 조치를 담은 최종 보고서를 낼 것으로 알려졌다.

　앞선 조사 과정의 핵심은 트럼프 백악관의 관련 자료를 증거로 확보하는 것이었다. 이와 관련 연방 대법원은 2022년 1월 19일, 트럼프 측의 거부 소송을 기각하고 자료 제출을 명령, 위원회의 행보가 빨라졌다. 위원회는 1월 말 국립기록보관소로부터 대량의 자료를 넘겨받아 내용을 면밀하게 검토하는 중이다. 한편 법무부는 의사당 난입 현장 자료 등을 기초로 극우 단체 오스 키퍼스Oath Keepers의 리더와 함께 열 명의 용의자를 내란 음모죄로 기소했다. 한편 현재 진행되고 있는 하원 청문회는 쿠데타와 관련한 트럼프의 역할, 개입의 내용과 정도, 관련자들의 쿠데타 음모 연관성 등을 밝히는 데에 초점을 맞추고 있다. 청문회는 또 1·6 쿠데타의 전모를 연계된 인물들의 육성 증언을 통해 일반에게 직접 알리는 공개적 여론 광장의 역할도 수행하고 있다.

　이 글을 쓰는 6월 21일 시점까지 청문회는 세 차례에 걸쳐 진행되었다. 위원회는 여러 관련자의 증언을 통해 트럼프가 쿠데타 계획에 직접 개입하고 지시했다는 점, 그것이 불법임을 이미 알고 있었다는 점, 의사당 난입이 트럼프의 선동에 의한 것이었다는 점, 법무장관이나 심지어 가족도 트럼프의 선거 부정 주장에 전혀 동의하지 않았다는 점 등을 밝혀냈다. 앞으로 청문회가 더 진행되고 백악관 자료와 관련자 조사 등을 통해 트럼프와 측근 관련자 그리고 공화당 인사들의 혐의가 사실로 확인되면 해당자에 대한 형사 소추가 이어지고, 그 경우 향후 정치 판도에 큰 파장이 일 것으로 예상된다.

1·6 쿠데타가 남긴 것

트럼프의 1·6 쿠데타 계획은 의회를 점거하여 2020년 선거 결과를 추인하는 논의를 방해·중단시킴으로써, 선거 결과를 실질적으로 부정하고 선거를 무효화시켜 트럼프의 대통령직을 그대로 유지토록 하는 것이었다. 더 줄여 말하면 극우 행동대원들은 현장에서 소란을 벌이고, 부통령과 의원들은 그사이 2020년 선거를 뒤집어 트럼프의 집권 연장을 꾀했던 것이다. 미국 역사에 유례가 없는 쿠데타이다. 총과 탱크가 없었을 뿐, 사태의 줄거리만 보면, 제3세계 국가에서나 있을 법한 쿠데타가 자칭 타칭 세계 민주주의의 파수꾼, 자유 진영의 국제경찰이라는 미국에서 벌어진 것이다. 그렇게 트럼프는 난동의 쿠데타로 임기를 마친 추악한 정치인이라는 기록을 남겼다.

그동안 진행된 1·6 특별조사위원회의 조사에 따르면 트럼프와 그의 변호사, 백악관 보좌관, 법무부 관리, 공화당의 몇몇 간부급 상·하원 의원 등은 2020 선거를 무효화하는 방안과 그 이후의 절차 등에 대해 여러 차례 회의를 가졌다. 한편 《워싱턴포스트The Washington Post》지는 1월 6일 사태와 관련된 하원 조사위원회 자료, 트럼프와 해당 관련자들의 소셜 미디어 활동 자료, 동영상, 사건 관련자 인터뷰 등 방대한 자료를 종합하여 3부로 구성된 심층 추적 기사를 2021년 10월 31일 자로 내보냈다. 기사의 핵심은 1월 6일 행동대원들의 의사당 진입은 이미 몇 달 전부터 트럼프 주도하에 면밀하게 기획된 쿠데타의 일부라는 것이었다.

의사당에 난입한 폭도들은 '트럼프가 보내서 왔다'고 말하고, 트럼프는 의사당 난입은 지지자들이 벌인 돌발 행동이라고 주장한다. 그러나 분명한 것은 1·6 사태가 대통령과 적지 않은 수의 백악관 및 행정부 관리들, 의원들이 연관된 조직적 쿠데타이고, 그런 점에서 미국 민주주의 자체를 부정하

는 사상 유례가 없는 중대 범죄라는 점이다. 드러난 바 반역죄이고 그 수괴
는 트럼프이다. 최종 법률적 판단은 기다려 봐야겠지만, 사건은 권력 유지
를 위해 트럼프와 그 일행들이 벌인 친위 쿠데타, 바로 그것이다. 문제는 쿠
데타 세력이 아직도 처벌받지 않았으며, 쿠데타를 뒷받침한 트럼프 지지 세
력은 여전히 강하다는 점이다. 선거 이후 1년이 지난 2021년 11월의 한 여
론 조사에 따르면 공화당 지지자 중 68퍼센트는 여전히 트럼프가 대선에서
승리했다고 믿고 있다. 그들에게 2020 선거는 부정 선거이며, 바이든은 불
법 대통령이고, 그런 의미에서 1·6 쿠데타는 난동이 아니라 '합법적 정치 행
위'이다.[1]

트럼프 쿠데타에서 무엇보다 참담한 것은 미국의 공식적 정치가 철저하게
조롱당하는 모습이다. 민주주의 모범국이라는 미국에서 아무도 생각지 못
했던 쿠데타가 벌어졌다는 것, 의사당에 난입한 행동대원들의 우스꽝스럽고
기괴한 모습, 믿기 어려울 정도로 빈약한 건물 내외부의 경비 상태, 공포에
질려 황급하게 피신하는 의원들의 초라한 모습은 정치가 폭력에 내몰릴 때
얼마나 추해질 수 있는지를 적나라하게 보여 주었다. 더욱 경악스러운 것은
쿠데타 진압 이후 이어진 1월 7일의 선거 결과 추인 절차에서, 전체 271명의
공화당 상·하원 의원 중 과반이 넘는 무려 145명(상원 50명 중 7명, 하원 221명
중 138명)[2]이 2020 대선은 부정 선거라며 추인을 거부했다는 점이다. 쿠데타

---

1 M. Pengelly, *Republican party calls January 6 attack 'legitimate political discourse'*
  (2022, February 4).
  https://www.theguardian.com/us-news/2022/feb/04/republicans-capitol-attack-
  legitimate-political-discourse-cheney-kinzinger-pence
2 선거인단 투표와 관련 이의가 제기된 곳은 애리조나주와 펜실베이니아주 두 곳으로 본문의
  수치는 펜실베이니아주의 경우이다. 애리조나주의 투표에 대해서는 하원 의원 121명, 상원
  의원 6명이 선거 결과 추인을 거부했다.

의 주범임에도 전혀 부끄러움 없이 여전히 선거 부정을 외치는 트럼프, 그를 따라 '도둑맞은 선거'라는 거짓말을 소리 높여 합창하는 공화당 의원들과 지지자들의 행태는 미국의 정치, 미국이 상징하는 민주주의 제도가 얼마나 추락했는지를 만천하에 드러낸다.

트럼프는 누구인가

미국의 민주주의는 외형적으로는 거의 250여 년에 걸친, 세계에서 가장 오랜 제도적 틀을 유지하고 있는 정치 체제이다. 트럼프는 쿠데타를 통해 그런 미국 역사의 궤적을 통째로 뒤집으려 한 최초의 인물이다. 이런 점에서 트럼프는 미국 정치의 한 분기점이다. 트럼프 이후의 미국 정치는 트럼프 이전의 그것과 매우 다른 방향으로 전개될 것이다.

도널드 J. 트럼프Donald J. Trump. 1946년생. 2017년 1월부터 2021년 1

월까지 4년간 미국 45대 대통령 역임. 그는 정치인이 되기 이전부터도 연예인 같은 사업가로 많은 화제를 뿌리고 다닌 인물이지만, 대통령이 되고 나서는 정치인답지 않은 정치인으로 더 많은 이슈를 던진 사람이다. 익히 알려졌듯 그는 무례한 인물이며 사기꾼에 더 가깝다. 가부장적이고 여성 비하적이며, 타 인종과 타 종교에 대한 경멸을 여과 없이 표현하는 경망스러운 이단아이다. 정치인이라면, 나아가 지도자라면 갖추어야 할 기본적 도덕과 행태, 품성, 사고방식과는 매우 거리가 먼 인물이다. 그러나 트럼프가 중요한 이유는 무자격자가 대통령이 되었다는 사실이 아니라 그를 대통령으로 선출한 백인들의 분노가 상징하는 정치적·사회적 변화의 흐름 때문이다. '트럼프주의(Trumpism)'라는 용어는 그것을 지칭한다. 그렇다면 그는 돌출적인 보수주의자인가? 그렇지 않다. 그는 외려 최근 반세기 가까이 극우화의 길을 걸어온 미국 보수가 낳은 가장 최근의 사례일 뿐이다.

지난 2016년 11월 미국 대선. 세간의 예상을 뒤엎고 트럼프가 공화당의 대통령 후보가 되었다. 이윽고 대선에서도 민주당의 힐러리 클린턴Hillary Clinton을 꺾고 승리하는 역사적 이변을 만들어 냈다. 많은 사람이 경악을 금치 못하면서, 또 한편으로는 절망적 탄식 속에서 8년 전과 똑같은 질문을 던졌다. '역사는 도대체 미국의 2016년을 어떻게 기록할 것인가'라는 탄식이었다. 2008년에 흑인을 대통령으로 뽑는 역사를 만들었던 미국이 그로부터 8년 후, 스스로가 백인 우월주의자임을 공언하는 사람을 대통령으로 선출한 것이다. 암흑의 반전이다. 여론 조사는 물론 주류 공화당으로부터도 외면당했고, 거의 모든 언론으로부터 조롱에 가까운 대접을 받았으며, TV 쇼의 스타일 뿐 정치 경력이 전무한 한낱 부동산 개발업자가 거대 국가의 리더로, 나아가 세계 최강의 권력자로 부상했다는 사실은 도무지 설명하기 어려운 일이었다.

2008년 11월. 일리노이주 연방 상원 의원 출신의 흑인 버락 오바마Barack Obama가 미국 대통령에 당선되었을 때, 많은 사람은 한편으로는 감동의 흐느낌 속에서 또 한편으로는 놀라운 흥분 속에서 물었다. '사상 최초로 흑인 대통령을 배출한 미국의 2008년을 역사는 어떻게 기록할 것인가'라고. 그 당시 많은 사람은 2008년을 인종주의는 물론 미국 보수 패퇴의 해로 기록할 것이라 기대했었다. 드디어 새로운 미국의 희망을 본다고 말한 사람도 있었다. 인종 차별이라는 고질적 암을 앓고 있음에도 흑인 대통령을 배출한 미국 사회의 긍정적 힘을 보았기 때문이다. 당시 공화당은 대선뿐 아니라 총선에서도 엄청난 패배의 너울을 뒤집어썼다. 적대적 대립과 갈등 유발의 정치 행태, 내부의 분열과 갈등으로 국민들로부터 외면당했다. 미국뿐 아니라 전 세계적 경제 쓰나미와 전쟁 쓰나미의 고통을 불러일으킨 미국 보수가 정치판에서 소수로 밀려난 것이다.

그러나 희망은 짧았고 정치는 새로워지지 못했다. 불과 8년 사이에 미국의 정치는 극과 극을 오가는 반전의 드라마를 보여 주었다. 트럼프는 현역의 프리미엄을 안고 있었지만, 미국 역사에서 예외적인 현직 대통령의 재선 실패 기록에 그의 이름을 올렸다. 1950년 이후로 따지면 그는 제럴드 포드Gerald Ford, 지미 카터Jimmy Carter, 아버지 조지 부시George H. W. Bush에 이어 네 번째로 재선에 실패한 대통령이다. 그의 4년을 한마디로 정리할 수는 없다. 다만 이 책의 주제와 관련지으면 '그의 재임 기간 공화당과 미국 보수는 이전보다 더욱 노골적이고 엽기적인 극단화의 길로 치달았다'고 요약할 수 있다. 트럼프는 그런 인물이다.

2020 대선 리뷰

2020 선거 결과는 바이든 8,100만 표, 트럼프 7,400만 표. 비율로 하면 51퍼센트 대 47퍼센트. 표 차이는 700만. 워낙 첨예한 대결이었고 역대 가장 높은 투표율로 주목을 받았지만, 지지율과 득표 차이만을 기준으로 할 때, 압도적인 승리는 아니었다. 1960년 이래 대선에서 가장 큰 득표 차이는 무려 1,800만 표차를 기록한 1972년 공화당 리처드 닉슨Richard Nixon과 민주당 조지 맥거번George McGovern의 대결이다. 그다음으로 1984년 공화당 로널드 레이건Ronald Reagan 재선 시의 1,700만, 1964년 민주당 린든 존슨Lyndon Johnson 1,600만, 2008년 민주당 오바마 1,000만 표 차이로 당선. 그 아래 단위 급에서는 1980년 레이건 초선 때의 850만, 1996년 클린턴 800만 등. 따라서 득표수 차이만으로 본다면 2020 선거는 역대 대선의 평균 표차를 약간 상회하는 통상적인 선거였다.

그러나 주목해야 할 것은 1900년 이래 무려 120년 만에 최고를 기록한 투표율이다. 그동안 미국 총선이나 대선의 투표율은 낮게는 50퍼센트에서 높아도 60퍼센트 초반이 일반적이었다. 1980년부터 2016년까지 열 번의 대선 중 투표율 60퍼센트를 넘긴 해는 2004년과 2008년 두 번뿐이었고, 가장 낮은 해는 1996년의 52퍼센트였다. 그런데 2020년은 67퍼센트로 2016년 대비 거의 8퍼센트나 상승한 것이다. 높은 투표율과 함께 바이든이 획득한 8,100만 표는 역대 최고 득표수이고 트럼프의 7,400만 역시 같은 기록이다. 주목할 것은 트럼프가 2016년보다 무려 1,000만 표를 더 얻었다는 점이다. 이전까지 대통령 당선자의 최고 득표 기록은 2008년 오바마의 6,900만이었다.

이처럼 투표율이 높았던 이유는 무엇일까? 일반적으로 정당 간 경쟁 정도, 투표 여건(예: 투표장 위치, 투표 방식 등), 유권자의 인구사회학적 특징(예: 소득, 성별, 연령, 인종, 교육 등)과 같은 요소들이 투표율에 영향을 미치는 것으로 알려져 있다. 2020년 선거의 경우 첫 번째 요인은 투표 여건, 즉 각 주에서 사전 준비(예: 우편 투표, 코로나에 대비한 조기 투표 실시 등)가 제대로 갖춰지면서 유권자들이 쉽고 간편하게 투표에 참여할 수 있었던 점, 둘째 요인은 선거의 경쟁 정도, 즉 2016년 선거에서 트럼프가 모두의 예상을 뒤엎고 당선되는 충격적 이변 그리고 무수한 논란과 문제를 야기했던 트럼프 4년에 대한 평가 등 2020 선거가 지닌 이 같은 의미에 많은 사람이 공감하고 있었다는 것이다. 심지어 18~24세 사이의 Z 세대 역시 다른 연령대보다 또 이전 선거에서 보다 훨씬 높은 참여율을 보였다.

한편 통계 수치로 2020 선거 결과를 종합해 보면, 우선 미국 유권자의 67퍼센트(2020년 기준)를 차지하는 백인 중 바이든 지지율은 44퍼센트로 2016년의 클린턴 대비 소폭 증가한 비율이다. 주목할 것은 전체 유권자의 44퍼센트를 점하는 고등학교 졸업 이하의 백인 투표자 집단에서는 트럼프 지지율이 무려 63퍼센트(2016년은 67퍼센트)에 달했다는 점이다. 반면 대졸 집단에서는 54퍼센트였다. 또 반이민 정책을 내세운 트럼프에게 히스패닉 집단이 2016년보다 8퍼센트나 높은 지지율을 보였다는 것도 유의해서 보아야 할 지점이다. 한편 유권자의 54퍼센트를 차지하는 여성 중 비백인의 경우는 79퍼센트, 백인의 경우는 48퍼센트가 바이든에게 표를 주었다. 다만 대졸 백인 여성의 경우는 58퍼센트의 지지를 보냈다. 2020 투표에서 무엇보다 주목해야 할 대목은 보수 성향인 백인 복음주의자들의 투표이다. 2016년에 77퍼센트였던 트럼프 지지율은 2020년에 무려 84퍼센트로 올랐다. 압도적이다. 트럼프 지지 기반의 인종·교육·성별·종교 분포도는 그가 던진 포퓰리스트적·인종적·국수주의적 선거 메시지를 그대로 반영하는 지표이기도 하다.

트럼프주의

　다른 무엇보다 2020년 선거의 핵심 질문은 '트럼프에게 표를 던진 7,400만에 가까운 사람들이 원하는 것은 무엇이었고 어떤 뜻을 표출한 것일까?'일 것이다. 적지 않은 수의 학자와 전문가 들은 2020년 선거의 의미를 '우리는 누구인가, 미국은 어떤 나라인가라는 질문을 놓고 벌인 미국인들 상호 간의 격전', '미국인들이 서로에게 품고 있는 분노를 표출한 것이고, 미국이 분열된 사회임을 고스란히 드러낸 것'이라고 말한 바 있다. 2020 대선의 투표율이 높았던 근본적인 이유는 미국 사회의 '극단적 분열과 격렬한 대립' 때문이었다. 식상한 비유이긴 하지만 그해 선거는 총칼 없는 전쟁, 그것이었다.

　이런 점에서 트럼프는 불만의 시대가 낳은 '정치인 아닌 정치인'이었다. 그는 정치적 발언의 방식과 내용에서 기존 공화당 정치인과 매우 달랐다. 언행은 직설적이고 도발적이었으며, 내용은 공격적이었고 과감했다. 그래서 새로웠다. 지지자들은 기존 정치인답지 않은 그의 태도에 오히려 열광했다. 현란한 지식으로 자신을 포장한 속물이 아니라 솔직한 보통의 미국인이라는 것이었다. 그러나 트럼프 지지 열기의 핵심은 '인종주의'였다. '인종주의에 기초한 유권자 분열 작전'이 자신의 선거 전략임을 트럼프는 거의 공개적으로 천명했었다. 이는 사실 공화당이 1960년대 이래 백인 유권자들을 향해 취해오던 '남부전략'의 트럼프식 변형이었다.[3] 그는 2011년 본격적으로 정치에 뛰어들면서 일찍부터 '오바마는 미국 시민이 아니다'라는 거짓말을 음으로 양으로 내세우는 데뷔 전술을 구사했다. 그는 자신이 통합의 지도자가 아니라 분열의 전도사임을 의도적으로 드러냈다. 한 정치 평론가는 트럼프의 행태를

---

3 공화당의 남부전략에 대한 자세한 내용은 제4장 참조.

두고 '미국인들이 품고 있는 심성의 가장 사악한 면'을 건드렸다고 개탄하기도 했다. 사악한 면이란 곧 인종 차별주의를 말한다. 이처럼 트럼프는 이전에는 볼 수 없었던 정치적 금기의 메시지를 지지자들에게 강하고 분명하게 던지는 후보로 각인되었다.

트럼프라는 정치인이 상징하는 것을 역사학자 데이비드 그린버그David Greenberg는 이렇게 요약했다. "트럼프는 포퓰리스트, 백인종주의자, 권위주의자이다. 인종 문제나 이민 정책에서는 거의 극우 백인종주의 수준이나 사회간접자본이나 복지 정책에서는 오히려 포퓰리스트이다. 외교와 대외 무역 분야에서는 보호 무역 나아가 국수주의적 성향을 가진 인물. 정치사적으로는 이와 같은 태도를 '원조 보수주의(paleoconservatism)'라는 용어로 부르기도 하는데, 최근 40여 년 동안 공화당이 내세웠던 이민 정책, 복지 정책, 대외 정책 등과는 약간의 차별성이 있다"는 것이다.[4]

그렇다면 기존 공화당 정치인과 구분되는 트럼프의 차별성에 지지자들이 몰린 이유는 무엇일까? 첫째는 거의 완벽하게 실패한 G. 부시의 이라크전쟁, 둘째는 2008년의 금융 재난, 셋째는 소수자가 되어 가는 백인들의 공포심이라고 그린버그는 요약했다. 공화당이 주도하는 대외 강경 노선의 부작용이나 신자유주의적 탈규제가 가져오는 사회적 불평등 현상은 공화당 지지자들도 느끼는 문제였다. 아프간전쟁과 이라크전쟁의 실패는 레이건 이래 공화당이 주창해 왔던 적대적 대외 노선에 대한 비판을, 금융 재난은 시장 만능의 신자유주의 세계화 정책에 대한 회의와 늘어나는 빈부 격차에 대한 불만을 강

---

4 D. Greenberg, *An Intellectual History of Trumpism* (2016. December 11). https://www.politico.com/magazine/story/2016/12/trumpism-intellectual-history-populism-paleoconservatives-214518/

화시켰다. 한편 백인들이 느끼는 사회·문화적 불안감 중 특히 두드러진 것
중 하나는 인구 구성비의 변화,[5] 즉 백인의 소수화 현상이었다. 백인 인구의
감소 현상은 역으로 그들의 인종주의, 반이민자 정서를 불러일으켰다. 최근
텍사스주, 미시시피주 등 여러 주에서 낙태 제한 또는 사실상의 낙태 금지법
을 제정하는 것은 '백인의 소수집단화'라는 심리적 불안감에서 출발한 것이
라는 주장까지 나오고 있다.[6]

기존의 공화당 정치인들은 이런 문제를 외면하거나, 적대적 비판이라며 문
제를 잠재우려 노력했다. 반면 트럼프는 실제 해결 의지 여부와는 관계없이
직설적인 방식으로 공화당 지지자들이 품고 있는 불만과 불안 심리를 자극,
그들에게 심리적 해방 효과를 제공함으로써 열광적이고 지속적인 지지를 확
보할 수 있었다. 그의 끊임없는 거짓말은 이 같은 심리적 틀에서 받아들여진
다. 그를 일종의 샤먼이라고 부르고, 지지자들을 '컬트 집단' 같다고 하는 이
유도 여기에 있다.

그는 주류 보수주의가 감추고 싶어 했던 권위주의적이고 여성 혐오적인
태도 그리고 백인종주의를 오히려 공개적이고 공격적인 방식으로 보여 주었

---

5 미국의 백인 인구 비율은 빠르게 줄어드는 반면, 히스패닉과 아시아 인종은 그 이상의 속도
로 증가하고 있다. 1980년 80퍼센트였던 백인 인구 비율이 2000년 69퍼센트, 2020년 60
퍼센트로 내려앉았다. 16세 이하에서는 이미 50퍼센트 미만이다. 물론 아직도 유권자의 72
퍼센트 정도는 백인이다. 그러나 2008년의 78퍼센트에 비교하면 크게 낮아졌다. 또 고령 인
구 중 다수가 백인으로 백인 구성비는 앞으로 더욱 감소할 수밖에 없는 상황이다. 지금과 같
은 추세가 계속될 경우, 퓨 리서치 센터의 조사에 따르면 2045년경 미국의 백인 인구 비율
은 50퍼센트 미만으로 줄어들게 된다. 이러한 가파른 인구 구성 변화가 백인들에게 명시적
인 또는 묵시적인 공포 심리와 사회적 박탈감을 갖게 하는 중요한 요인 중 하나이다.
6 Yes magazine, *Race Against Time: How White Fear of Genetic Annihilation Fuels
Abortion Bans* (2019. July 4).
https://www.yesmagazine.org/social-justice/2019/07/04/abortion-ban-fear-
white-extinction-babies

다. 물론 트럼프 지지자들이 모두 권위주의자이거나 여성 혐오자이거나 인종주의 성향의 집단에 속해 있는 것은 아니다. 1월 6일 의사당 난입 혐의로 체포, 기소된 사람들 중 절반 이상은 백인종주의 극우 조직과는 아무 관련이 없는 보통 사람들로 확인되었다.[7] 그럼에도 분명한 것은 트럼프주의가 가동될 수 있었던 가장 중요한 지지층이 백인 집단이고 그들이 품고 있는 정서의 핵심이 백인종주의라는 점이다. 결국 분노하는 대중의 심리를 꿰뚫는 사회 저변의 흐름을 악용한 것이 트럼프이고 그의 시대이자 트럼프주의이다. 그가 공화당을 사실상 좌지우지하는 것도 이 같은 바탕에서 나타나는 현상이다.

위기의 미국 민주주의

미국의 민주주의는 역사와 전통을 보여 주는 생생한 정치 현장이고, 제도적 틀로는 세계에서 가장 오래 유지되고 있는 체제이다. 이제 미국 민주주의는 트럼프 이전과 이후로 나눠서 봐야 할 것이다. 트럼프 이전의 미국 정치에서 쿠데타는 상상할 수 없는 사건이었다. 또 선거로 대표되는 미국 민주주의 제도와 전통 자체를 모욕하거나 폄훼하는 것은 금기였다. 그러나 트럼프 이후의 미국 정치에서 쿠데타는 충분히 가능한 것이 되었다. 또 선거를 부정과 사기극으로 치부함으로써 민주주의 제도 자체가 불신과 혐오의 대상이 되었다. 그렇다면 쿠데타를 넘어 국가의 틀 자체를 능멸하는 트럼프의 난이 가능했던 이유는 무엇일까?

---

7 R. Pape and K. Ruby, *The Capitol rioters aren't like other extremes*, The Atlantic (2021. February 2).

핵심은 미국의 정치 윤리, 민주주의의 원칙이라는 규범의 타락 때문이다. 지난 1974년 7월 30일, 워터게이트 스캔들과 관련해 미 하원은 대통령 닉슨의 탄핵안을 가결했다. 죄목은 사법 방해, 권력 남용, 의회 모욕이었다. 그로부터 열흘 후 닉슨은 상원 투표가 있기 전 스스로 대통령직에서 사임했다. 결정적인 이유는 공화당 상원 의원 42명 중 27명이 탄핵에 찬성한다는—그렇게 되면 민주당 56명을 포함, 의결 정족수 67명을 훨씬 넘는 83명이 탄핵에 찬성— 당내 여론을 확인했기 때문이었다. 그로부터 50여 년 후인 2021년 1월 13일, 미 하원은 1월 6일 쿠데타와 관련해 대통령 트럼프의 탄핵안을 가결했다. 죄목은 권력 남용과 의회 업무 방해였다. 그러나 탄핵안은 상원 투표에서 57 대 43으로 부결되었다. 탄핵에 찬성한 공화당 상원 의원은 고작 7명이었다. 트럼프의 정치생명은 연장되었고—탄핵 가결 시 정치 활동 금지—그의 쿠데타는 적어도 정치적으로는 무죄로 처리되었다. 1974년에서 2021년, 그 50여 년 사이, 거짓말이 탄핵 사유가 되고 그것으로 대통령이 물러나던 시대에서, 쿠데타를 벌였어도 주범이 탄핵되기는커녕 오히려 정치 지도자로 여전한 영향력을 발휘하는 시대로 바뀐 것이다.

적지 않은 전문가들이 1·6 쿠데타로 우리가 알고 있던 미국의 민주주의는 끝났다고 개탄한다. 약간은 과장된 걱정이다. 그러나 트럼피즘을 끌어안은 분노하는 대중의 존재, 그 분노를 자신의 이득을 위해 적절히 동원하고 활용하는 트럼프 같은 카리스마를 갖춘 권위주의적 인물 그리고 대중의 분노를 해결하려 노력하기보다는 오히려 부추기면서 사회의 적대적 분열을 유도하고, 그 균열 속에서 권력 획득을 위한 전술·전략을 펼쳐 온 공화당이라는 세 가지 요소는 매우 위태로운 정치적 인자들이다. 이에 더해 극우 미디어와 기독교 근본주의는 가짜 뉴스와 인종주의를 확대·전파하면서 대중의 분노와 증오심을 키우고, 거기에 기름을 쏟아붓는 존재들이다.

민주주의를 위협하는 이 같은 극우적 요소들은 미국 사회에서 여전히 높은 수위로 작동하고 있다. 이 때문에 앞으로 예정되어 있는 2022년의 중간선거, 2024년의 대선과 총선 결과가 어떻게 나타날지 각별히 주목하지 않을 수 없다. 전통적으로 정권 심판 성격을 띠고 있는 중간선거에서 집권 여당은 늘 패배했다. 2차 대전 이후 지금까지, 집권당은 중간선거에서 하원의 경우 평균 20석 이상을 잃었다. 그런 양상은 심지어 네 번씩이나 대통령에 당선된 프랭클린 루스벨트Franklin Roosevelt의 뉴딜 시대에도 동일했다. 1998년과 2002년의 중간선거만 예외였다. 지금까지의 관례대로 2022년의 중간선거에서 공화당이 승리할 경우 미국 보수는 유권자들이 자신들의 정치 행태를 인정한 것으로, 심지어는 1·6 쿠데타까지도 승인한 것으로 판단하면서 대결과 갈등의 행보를 계속할 것이다. 또 이것이 2024년의 대선과 총선으로 이어진다면 그 이후의 상황은 상상할 수 없는 최악으로 치달을 수도 있다. 특히 압도적인 차이가 아니라 박빙의 차이로 당락이 결정될 경우 온갖 종류의 선거 소송이 이어질 것이고, 심지어 공화·보수와 민주·진보 지지자들 간의 물리적 충돌 사태까지도 우려된다.

그렇다면 이 같은 위기를 불러온 미국 정치의 타락은 어디에서 비롯된 것일까? 또 부정 선거라는 거짓말을 일삼다가 심지어 쿠데타를 벌이고, 나아가 민주주의의 제도적 틀 자체를 옥죄려는 공화당과 보수주의자들은 어떤 생각을 가진 정치 집단일까? 어떤 성격의 집단이기에 감히 이런 일들을 벌일 수 있는 것일까? 어떤 과정을 거쳐 성장해 온 조직이기에 이런 폭력적 정치 성향을 발휘하는 것일까? 이런 질문들을 한마디로 요약하면 '미국 보수주의의 실체는 무엇이며, 어떤 맥락과 역사 속에서 성장했고, 왜 극우 이데올로기의 길로 나아가고 있는가'가 될 것이다.

2

미국 보수와 그들의 이데올로기

현재의 모든 것은 역사의 산물이다. 앞 장에서 살펴본 트럼피즘, 즉 오늘날 미국 보수주의의 민낯은 결코 특정 인물을 중심으로 전개된 평지돌출 현상이 아니다. 그것은 좁게는 공화당이라는 보수 정당, 넓게는 미국 보수주의가 만들어 낸 일련의 사태들이다. 짚어 보면 미국 보수의 극단화와 그에 따른 야만의 정치 행태는 트럼프 임기에 극적으로 나타난 것일 뿐, 그 역사는 1960년대에 시작되어 1980년대 레이건 그리고 21세기 초 부시 재임 기간을 거치면서 더욱 심해진 것일 뿐이다.

그렇다면 이들 보수주의자들은 도대체 누구이며, 어떤 생각을 가지고 있는 집단이기에 민주주의의 틀을 옥죄려 하는 것일까? 공화당과 보수주의자들은 어떤 역사 속에서 성장해 왔기에 폭력적 정치 성향을 발휘하는 것일까? 간단하게 답할 수 있는 질문들은 아니다. 이 장에서는 미국 보수주의자들은 누구인지, 그들이 제시하는 주장과 논리는 무엇인지, 어떤 문제를 품고 있는지 등을 중심으로 이야기를 풀어 보고자 한다.

보수주의자들

언론인 김지석은 『미국을 파국으로 이끄는 세력에 대한 보고서』라는 책에서 보수주의자들을 '구보수파(전통적 보수파, Paleoconservative)', '네오콘 (Neoconservative)', '기독교 우파(Christian right)', '공화당 온건파(Moderate Republican)', '신자유주의자(Libertarian)' 등으로 구분했다.[8] 이는 각 집단이 품고 있는 이데올로기나 행태를 중심으로 나눈 것인데, 명칭만으로는 그들

---

8 김지석, 『미국을 파국으로 이끄는 세력에 대한 보고서』 (교양인, 2004).

이 누구인지 명료하게 드러나지 않는다. 여기에 또 KKK단이나 미국 나치당 같은 극우 집단을 뺄 수 없다. 아래에 거명한 이름들은 그런 차원에서 미국 보수주의자들의 면면을 좀 더 구체적으로 정리한 것이다.

우선 공화당이다. 재론의 여지 없이 공화당은 미국 보수의 중심 조직이다. 개인이든 집단이든 미국 보수주의자들은 공화당과 직간접적인 관계를 맺고 있다. 적어도 1970년대까지는 공화당 내부에도 흔히 '진보 공화당(liberal Republican)'으로 불리는 온건 개혁파가 존재했었지만—민주당에는 반대로 남부 정치인을 중심으로 하는 '보수 민주당(conservative Democrat)'이 있었다—1980년대 이래 그들은 사실상 사라졌고, 공화당은 이제 우파 그것도 사실상 극우 정당으로 변했다. 최근 트럼프 쿠데타 사태를 비판하면서 당 지도부와 다른 목소리를 냈던 몇몇 상·하원 의원들이 있지만, 그들의 정치적 영향력은 거의 없다고 보아도 무방하다.

최상급 보수 단체인 공화당 외에도 사회 각 분야에서 명시적·묵시적으로 보수주의를 기치로 내세우는 무수히 많은 기관과 조직이 활동하고 있다. 예를 들면 다음과 같다.

미디어	폭스뉴스, 월스트리트저널, 워싱턴타임스, 최근의 One America News Network, Newsmax 등의 신문·방송과 Weekly Standard, National Review, Commentary 등의 시사 잡지
싱크 탱크	헤리티지재단, 카토연구소, 맨해튼연구소, American Enterprise Institute, American Legislative Exchange Network, State Policy Network 등
재단	Bradley, Olin, Scaife, Americans For Prosperity 등 주로 대기업이 지원하는 재단들
교회	미국 교회의 최대 상급 단체인 남침례회, 미국 전역의 수많은 복음주의 교회, 종교 TV 네트워크, 우익 기독교 계열의 종교 단체. 밥 존스Bob Jones대학교 같은 기독교 대학 등
사회 단체	Business Round Table, Eagle Forum, National Rifle Association, Middle East Forum 등

한편 이들처럼 체계적 조직은 아니지만 함께 모여 마치 수평적으로 구성된 하나의 집단처럼 활동하는 보수주의 운동 조직들도 있다. 예를 들면 네오콘이라 불리는 신보수주의자들, 기독교 우파 등이 그러한 성격의 집단이다. 한편 우익 행동대라고 할 수 있는 극우 단체들(예: KKK, 미국 나치당, 프라우드 보이즈, 오스 키퍼스 같은 백인종주의 조직, 각 지역의 사설 무장 단체인 민병대들)이 있는데 주류는 아니지만 이들 역시 미국 보수의 지형을 구성하는 집단임은 물론이다.

이들 중 활동의 성격이나 내용, 조직의 규모, 실질적 영향력 등에서 특히 주목해야 할 단체들은 흔히 '우익 삼두마차(Rightwing Troika)'라고 불리는 '미국입법연대(ALEN: American Legislative Exchange Network)', '주정책연대(SPN: State Policy Network)' 그리고 '미국번영재단(AFP: Americans For Prosperity)'이다.[9] 모두 대기업의 후원을 받는 단체들로 이들은 연방 단위보다는 상대적으로 주 단위에서 더 적극적인 활동을 전개하고 있다. 이유는 주를 움직이는 것이 곧 국가를 움직이는 것이라는 전략적 지침에 따른 것으로, 주 단위의 공화당 선거 지원, 각 주 상호 간의 입법 활동 정보 및 자료 교환, 각 주 공화당 자원봉사단의 구성과 재정적 지원, 개별 의원들에게 법안 마련 및 정책 자료 제공, 토론회와 세미나 개최, 법안 통과 촉구 집회 진행 등 매우 다양한 방식으로 현장을 무대로 한 보수 정치를 전개하고 있다. 이 중에서도 특히 미국번영재단은 각 주에 설립한 지역 사무소를 통해 일반 유권자들을 대상으로 하는 현장 정치 활동을 수행하는 곳으로 정평이 나 있다. 이 재단은 미국의 극우 재벌 기업 중 하나인 코크산업이 세운 것으로,

---

9 굳이 이들 단체의 명칭을 한국말로 옮긴 이유는 영어 명칭보다 정체성을 상대적으로 쉽게 알 수 있기 때문이다. 이들 단체의 한국 명칭은 모두 저자의 번역이다.

코크는 1980년대부터 이미 공화당과 보수 집단의 대규모 재정 후원자로 정치판에 뛰어들어 정책 어젠다 개발, 정치인 양성, 선거 운동, 로비 등 다양한 활동을 전개하고 있다.[10]

이 단체들은 협력 네트워크를 구성하여 주지사, 주 하원·상원, 시 운영위원회 등 각급 선거에 적극적으로 개입하는 것은 물론 반노조 입법 활동에 진력하고 있다.[11] 이들의 지속적인 로비 활동으로 민주당의 강력한 지지 기반인 노조는 크게 위축되었고, 이는 선거에 지대한 영향을 끼치고 있다. 주 단위로 미국 정치 지형도를 나눌 때 2021년 기준 공화당은 30개 주, 민주당은 18개 주 의회에서 다수당이며, 주지사는 공화당이 28명, 민주당이 22명이다. 여기에서 나타나듯 주 정치에서의 공화당 우위 현상은 1990년대 중반부터 시작해 지금까지 약간의 변화는 있었지만 꾸준히 이어지고 있다. 연방 단위에서는 설령 민주당이 승리하더라도, 주 단위의 정치는 공화당이 계속 장악하는 현상이 벌어지는 것이다. 다른 말로 하면 사람들의 일상적 삶에 직접적으로 다가가는 정치는 거의 공화당의 영역이 되었다는 뜻이다. 이유는 거대 기업의 후원을 등에 업은 보수주의 단체나 조직의 재정적 탄탄함과

---

10 코크산업(Koch Industries)은 1940년에 세워진 다국적 재벌 기업으로 캔자스에 본부를 두고 있으며, 제지·제련·비료·정유·목축·금융업 등 여러 분야의 자회사를 거느리고 있다.

11 가장 두드러진 사례는 2011년 위스콘신주의 노동관계법 개정 사태이다. 이미 민간 부문의 경우 다른 주에서는 입법되었으나 위스콘신주의 경우는 공공 부문까지 이를 확대하면서 노동조합의 반대 운동이 치열하게 전개되었다. 당시 공화당 주지사는 야당과 노동계의 거센 반대에도 공공 부문 노동조합의 단체 협상권 제한, 조합비 일괄 공제 조치 폐지 등의 내용을 담은 법안을 통과시켰다. 공공 부문 노조가 강력한 투쟁을 벌였으나 결국 패배한 가장 큰 이유는 소방수, 경찰 등을 법 적용 대상에서 제외하면서 노조가 분열되었기 때문이다. 또 2015년에는 유니온숍 제도를 철폐하는 '노동권리법(right-to-work law)'도 통과시켰다. 이후 다른 주에서도 유사한 법안이 제정되었고, 2018년 연방 대법원의 판결로 노동권리법이 확정되면서 미국의 노동조합은 더욱 더 약화되었다.

그에 기초한 지역 내에서의 적극적 활동이 보수 우위의 생활 정치가 계속되는 가장 큰 배경 중 하나이기 때문이다. 여기에서 논할 문제는 아니지만, 진보 성향의 재단과 후원 규모는 보수 쪽보다 훨씬 큰 것으로 알려져 있다. 다만 재단의 후원 방식과 운용, 후원의 기획과 어젠다 추진 전략 등의 영역에서 보수 진영에 비해 취약하고, 그 때문에 사회적 성과와 영향력 면에서 뒤처진다는 평가를 받고 있다.

위의 단체들이 입법과 행정, 즉 정책 및 제도의 수립과 집행 영역에서 보수주의 운동을 전개한다면, 사법, 즉 법의 실제 적용과 정당성 여부를 판단하는 영역에서 막강한 힘을 발휘하는 보수 단체는 '연방주의협회(Federalist Society)'이다. 이 협회는 '사법의 점령군'이라 불릴 만큼 현재 9명의 연방 대법관 중 보수 성향인 6명의 판사를 소속 회원으로 거느리고 있을 정도이다. 1982년 설립된 이 협회는 흔히 '원문주의적 해석'이라는 보수적 헌법 이론[12]에 기초한 단체로 주로 세미나와 토론회 같은 학술 활동을 통해 법률에 대한 보수적 해석과 관점을 제시하고 이에 대한 논리와 근거를 제공하는 방식의 활동을 전개하고 있다. 법대생들부터 교수, 변호사, 정치인, 정부 관료 그리고 무엇보다 판사들이 회원이며, 대기업 등으로부터 풍부한 자금을 지원받는 것으로 알려져 있다. 전문가들은 총기 규제를 무력화하는 개인의 총기 소유 자유 및 권리를 확장하는 판결이나, 기업의 정치 후원금 제공이 표현의 자유에 해당한다는 판결 등은 사실상 이 협회의 작품이라고 말하고 있다.

---

12 '원문주의(constructionism)'란 헌법의 문구 자체에 충실한 판결이 올바른 판결이라는 주장을 말한다. 예를 들어 헌법에 낙태의 권리에 관한 구절이 없다면, 판사들이 그 권리를 인정해서는 안 된다는 것을 말한다. 법조문을 사회 변화를 감안하여 폭넓게 해석해야 한다는 '사법 적극주의(judge activism)'와는 정반대의 입장이다. 이들이 원문주의를 내세우는 이유는 1950년대 이래 대법원의 진보 성향 판사들이 사법 적극주의 관점에서 편향적 판결을 내렸다는 인식에서 출발한다.

보수 이데올로기의 성장

입법과 행정 그리고 사법 영역에 이르기까지 미국 사회에서 보수가 가진 힘은 실로 막강하다. 그렇다면 이들 보수주의자들은 어떤 생각을 가지고 어떤 주장과 논리를 펴고 있을까? 즉, 그들은 어떤 이데올로기를 가지고 있는 것일까.

역사학자 조지 내쉬George Naxh는 2차 대전 이후 현대 미국 보수주의의 내용을 채우는 세 가지 사상적 갈래들을 정리했다.[13] 첫째는 전통적 보수주의(traditionalism)이다. 이것은 계몽 귀족의 착한 정치로 요약되며 대표적인 인물은 에드먼드 버크Edmund Burke이다. 둘째는 자유지상주의(libertarianism)이다. 이것은 개인의 자유를 다른 모든 것에 앞서는 최고의 가치로 내세운다. 대표적인 인물은 경제학자 프리드리히 하이에크Friedrich Hayek이다. 셋째는 반공주의(anti-communism)이다. 대표적인 인물로 정치인 조지프 매카시Joseph McCarthy가 있다. 전통적 보수주의는 1950~1960년대를 거치면서 약화되고 결국 자유지상주의와 반공주의-반사회주의가 보수주의 이데올로기의 주류로 자리 잡게 된다. 그리고 1970~1980년대에 반공·반사회주의는 신보수주의 이데올로기로, 자유지상주의는 신자유주의로 이어지면서 작금의 신보수-신자유주의 헤게모니 시대를 이끌어 냈다.

1980년대의 레이건 대통령으로 대표되는 신보수-신자유주의는 민주적 사회주의에 기초한 뉴딜의 '규제·개입형 복지 국가' 체제에서 '자유 시장형 도덕 국가' 체제로의 이행을 이론적으로 이끌면서 체제 변화의 정당성을 제

---

13 G. Nash, *The conservative intellectual movement since 1945* (Wilmington, DL. Intercollegiate Studies Institute, 1996).

공한 이데올로기이자 정책 논리이다. 용어에 '신'이라는 수식어가 붙은 이유
는 첫째, 신보수주의는 보수주의자로 전향한 진보 성향 인물들이 운동의 주
체라는 점에서, 둘째, 신자유주의는 '자유방임'을 강조하는 고전적 자유주의
와 달리 국가의 특별한 역할을 주문했다는 점에서 차이가 있기 때문이다.

일반적으로 미국의 대외 정책 이데올로기로 널리 알려졌지만, 신보수주의
는 본래 미국 사회에 새로운 가치와 비전을 구현하고자 하는 도덕 국가 프로
젝트이다. 그리고 경제 논리 정도로 알려진 신자유주의는 자본의 논리에 맞
춰 사회를 재편하려는 자본 국가 프로젝트이다. 뉴딜이 경제 회생 프로젝트
를 넘어 정치와 사회를 망라하는 넓은 수준의, 정치경제학자 라스키의 표현
을 빌리면 '자본주의의 사회화' 프로젝트인 것과 마찬가지이다.[14] 미국의 정
당성을 강조하고 정체성을 재확인하려는 미국식 민족주의 노력이라는 점에
서 그리고 경제뿐 아니라 정치와 사회 전반에 자본의 논리를 주입하려는 노
력이라는 점에서, 신보수-신자유주의는 모두 도덕 프로젝트라고 해도 과언
은 아니다.[15] 사실 신보수주의와 신자유주의는 추후 자세히 논의하겠지만
상호 모순적이다. 그럼에도 두 이데올로기는 '사회적 훈육 프로젝트'라는 점
에서 서로 조응한다. 어색하지만 이들이 지향하는 목표를 '자유 시장형 도덕
국가'라고 부른 이유는 그 때문이다.

실제 진행 경과는 추후 논의하고 일단 이론적 수준에서 신보수-신자유
주의 논리를 정리하면, 먼저 신보수주의는 1960~1970년대 미국에서 전개
된 급진적 사회 변화 운동에 이의를 품고, 이를 넘어서는 새로운 논리와 대
안을 마련하고자 했던 좌파 이론가들의 사상이다. 이들의 눈에 당시의 신좌

---

14 H. Laski, *The Roosevelt Experiment*, The Atlantic (1934. February).

15 W. Brown, *American Nightmare: Neoliberalism, Neoconservatism, and De-Democratization*, Political Theory 34(6), (2006).

파 운동─여성 운동, 환경 운동, 성 해방 운동, 성 소수자 운동, 민권 운동, 반전 평화 운동 등─은 종래 노조 중심의 개혁 운동을 넘어 미국이라는 국가의 정체성과 사회 질서 전체에 도전장을 던지는 것이었다. 기존의 좌파 이론가들에게 신좌파의 가치 전복적 반문화 운동과 베트남전 반대 평화 운동은 미국에 대한 '문화적·정치적 쿠데타'였다. 이러한 상황에서 필요한 것은 통상적 정책 수준의 대안이 아니라 신좌파 운동이 초래한 '미국 정당성의 위기'를 극복할 거시적 대안이었다. 이들은 사회의 균열과 가치의 혼란(예: 성 해방의 물결, 가족 구조의 약화, 복지병의 증대 등)을 극복할 대안으로 미국의 정체성과 정당성을 강조하는 프로젝트를 내세웠다. 핵심은 첫째, 국가-정부를 중심으로 미국의 전통적 도덕을 회복하는 것이었다. 예를 들면 근면한 부르주아 도덕성을 회복하는 것이 이에 속한다. 둘째, 애국심을 강조하여 베트남전쟁 등으로 상처 입은 국가적 자존심과 위상을 회복하고 대외적으로는 이전보다 강력하면서도 너그러운 패권, 즉 착한 제국 미국을 만드는 것이었다. 요약하면 애국주의, 미국 민족주의의 새 버전인 셈이다.[16]

한편 신자유주의 이데올로기는 1970년대 들어 기존의 뉴딜식 경제 운용 질서가 크게 흔들리면서 시작된다. 자유 시장 또는 탈규제 경제 이론가들은 미국 경제가 1960~1970년대 스태그플레이션으로 휘청거린 이유가 그동안

---

16 J. Vaisse, *Neoconservatism: The biography of a movement*, Tr. A. Goldhammer (Cambridge: The Belknap Press, 2010). 신보수주의는 통상 외교 정책 논리 정도로 알려져 있다. 그러나 그것은 내용의 일부일 뿐이다. 예를 들면 1960년대의 1세대 신보수주의자들(예: 신보수주의의 대부라 불리는 어빙 크리스톨Irving Kristol)이 국내 문제에만 주목한 반면, 1970~1980년대의 2세대(예: 레이건 정부 유엔 대사를 지낸 진 커크패트릭Jeane Kirkpatrick)와 1990년대 후반의 3세대(예: 어빙 크리스톨의 아들이자 보수 잡지《위클리 스탠다드》편집장 윌리엄 크리스톨William Kristol)는 대외 문제로 눈길을 돌렸다. 1세대 신보수주의자들이 진보적 사회이론가들, 2세대가 민주당의 대외 강경파들이라면, 3세대는 보수 공화당의 인물들이다.

유지되어 왔던 뉴딜의 규제·개입형 국가 체제에서 비롯된 것이라고 주장하면서, 이제는 탈규제와 개방 같은 자유 시장 원칙에 충실한 경쟁 구조로 재편해야 한다는 대안을 제시했고, 그것이 불황을 해결하지 못하는 정치권에 폭넓게 받아들여지면서 신자유주의라는 명칭으로 불리게 된 것이다. 이 같은 배경에서 구체적 정책 방안으로 제시된 것이 레이거노믹스로 유명해진 소위 '공급경제 이론'—감세, 탈규제, 자유 무역 등을 핵심으로 하는—이다. 그런데 여기에서 중요한 것은 신자유주의가 '자유방임'의 의미로 쓰이면서 비롯된 국가의 역할에 관한 부분이다. 신자유주의 논리에서 국가는 시장 경제 체제에서 최소화되는 것이 아니라 오히려 시장 경제 원칙을 집행하고 강제하면서(예: 민영화, 축소 재정 정책, 노조 활동 억제 등) 동시에 자본의 논리를 사회 각 부분에 적용·전파하는 '자본-기업 도우미'로서의 위상을 가지게 된다.[17] 신자유주의가 국가에 주문한 특별한 역할이란 이를 지칭하며 그런 의미에서 신자유주의는 '사회의 자본화', 즉 자본주의의 논리를 경제뿐 아니라 사회 전반으로 확산, 뿌리내리도록 하는 훈육 프로젝트인 것이다.

요약하면 신보수-신자유주의는 뉴딜의 '규제·개입형 복지 국가 체제'를

---

17 신자유주의는 1970년대 들어서야 케인스 이론의 대안으로 인정받았고, 구체적 정책과 제도의 형태로 시행된 것은 레이건 치세 이후이다. 신자유주의의 세계화를 지칭하는 '워싱턴 합의(Washington Consensus)'라는 용어도 1989년에야 비로소 등장했다. 주목할 것은 이보다 앞선 '신자유주의 실험장'으로서의 칠레이다. 1973년, 칠레의 우파 정당, 기업인, 중상층 계급, 군부는 미국 CIA와 손을 잡고 민주적으로 선출된 아옌데Allende 사회주의 정부를 미국을 노리는 '남극의 단검'이라 부르면서 쿠데타로 무너뜨렸다. 한편 쿠데타 이후 등장한 피노체트Pinochet 정부는 당시 하이에크를 잇는 신자유주의 이론가인 밀턴 프리드먼Milton Friedman의 논리—탈규제, 공공재정 긴축정책, 무역개방 등—를 그대로 도입, 시행했다. 여기에는 시카고대학으로 유학, 프리드먼의 논리를 익히고 소위 경제 전문가가 되어 칠레로 돌아온 중상층 계급 자제들의 역할이 가장 컸다. 1975년 프리드먼은 칠레를 직접 방문, 피노체트에게 자신의 신자유주의 이론이 칠레에 '경제 기적'을 가져다줄 것이라고 자랑했다. 결과는 잘 알려져 있듯 경제 기적이 아니라 경제 불평등이었다.

대체할 새로운 미국의 비전, 즉 미국 민족주의의 고양과 사회의 자본화를 목표로 하는 '자유 시장형 도덕 국가 체제'라는 비전을 제시한 것이다.[18] 신보수의 프로젝트를 현실화하는 주체로는 기독교 복음주의자들을 중심으로 하는 사회문화적 보수 세력이, 신자유주의를 실천하는 주체로는 정부와 기업이 나섰다. 이들의 비전은 1980년대 레이건과 함께 이념적·현실적 헤게모니를 획득한다.

공화당과 보수의 정책 논리

그 같은 이념을 바탕으로 미국 보수는 구체적 정책의 차원에서 대략 다섯 가지 주장을 내세운다. 첫째는 '작은 정부론', 둘째는 '감세 성장론', 셋째는 '탈규제론', 넷째는 '안보 강경론', 다섯째는 '보수적 사회문화론'—인종 분리 또는 차별, 낙태 및 여성 운동 반대, 성 소수자 배제 등—이다. 전제해 둘 것은 각각의 보수주의 집단이나 개인들 간에 큰 틀의 기조는 같지만 정책 초점에 차이가 있다는 점이다. 닉슨 시대, 레이건 시대, 부시 시대 그리고 트럼프 시대마다 정책이나 제도의 내용과 운영 방식이 다르듯, 대통령이 누구인가에 따라, 또 의회의 지도부가 누구인가에 따라 같은 정당이라도 세부적 강조점, 구체적 지침 등에서 다른 주장들을 제시한다. 예를 들면 트럼프 행정부는 인종 문제나 이민 정책에서는 거의 극우 백인종주의 수준, 복지 정책에서는 기왕의 보수주의자들보다는 중도적 성향, 감세 정책은 동일, 외교 분야에서는 강경 노선이라기보다는 미국 우선주의 입장, 대외 무역 분야에

---

18 W. Brown, 앞의 논문.

서는 보호 무역, 나아가 국수주의적인 성향, 사회문화적인 영역에서는 가부장적 권위주의, 반여성주의, 인종주의적 행태를 공공연히 드러냈었다.

작은 정부론

사전적인 의미에서 '작은 정부론'은 정부의 기능과 역할이 제한적이어야 한다는 것이다. 미국 건국 당시에 뜨겁게 논쟁이 전개되었던 연방파와 분권파의 대립과 같은 양상이다. 연방파가 강력한 중앙 정부를 옹호했다면, 분권파는 각 주의 독자적 권리를 강조했던 식이다. 분권파, 즉 반연방론자들은 권한이 집중된 중앙 정부의 독재 위험성—독립 초기에는 강한 정부를 영국과 동일시하기도 했을 만큼—과 연방 정부가 부자들에 의해 좌우되거나, 개인의 자유가 억제될 것이라는 우려 등을 제기했다. 이들은 기본적으로 지역 단위의 작은 규모의 정부가 이런 문제를 피할 수 있는 방안이라고 생각했다. 그러나 오늘날 작은 정부론은 보수주의자들마다 다르다. 예를 들면 연방 정부가 제공하는 복지 서비스를 민간에 맡기거나 각종 규제를 최소화해야 한다는 주장부터, 연방 정부는 경찰 국가 정도의 역할에 머물러야 한다는 주장까지 제기된다. 사회 복지도 최소 수준에 머물러야 하고, 시장이 실패한 경제 부문에서 정부의 개입 역시 매우 낮은 수준에서만 이루어져야 한다는 식이다. 그에 반해 신보수주의자들은 국방과 안보 분야에서 큰 정부를 주창하고, 우익 기독교 단체들은 연방 정부가 기독교 교리를 사회적으로 강제해야 한다는 거의 신정 정치에 가까운 주장까지 내세우곤 한다.

감세 성장론

핵심 경제 정책으로 공화당과 보수 이론가들이 상시적으로 내세우는 주장은 '세금 감면'이다. 공화당 대통령이 내세우는 첫 번째 공약 사항이기도 하다. 소득세, 재산세, 투자 이득 관련 세금, 상속세 등등 거의 전 세목에 걸쳐 세금을 낮추자는 주장이다. 논리는 간명하다. 세금 감면은 경제 주체들의 가처분 소득을 늘리고, 늘어난 만큼의 소득은 저축과 소비를 동시에 증진시킴으로써 기업의 생산과 투자에 동기를 부여하며, 그것이 이윤 증대로 이어지고 경제 성장을 이끈다는 것이다. 규제 완화까지 포함해 감세는 '낙수효과 이론' 또는 '공급경제학'의 핵심 요소이기도 하다. '감세 성장론'은 또 작은 정부론과도 연결되고 건전 재정론으로도 이어진다. 즉, 비대해진 정부의 규모를 줄이면 재정 적자를 면할 수 있고, 그렇게 되면 세금을 줄이더라도 국가를 꾸려 나가는 데 문제가 없다는—실제 그 같은 효과가 나타나느냐 하는 문제는 도외시하고—감세 성장론의 논리 자체는 아주 간명하다.

탈규제론

'탈규제론'은 경제 분야에서 정부 규제를 줄이거나 없애는 것을 의미한다. 기본적으로는 시장에 대한 정부의 간섭이 오히려 비효율적이며 역효과를 낳는다는 논리에 기초하고 있다. 대략 1970년대 이후, 서구 선진국 경제가 대규모의 불황으로 빠져들면서 그 원인 중 하나로 정부의 규제가 거론되기 시작했다. 정부의 규제가 비효율을 낳으면서 투자 기회가 줄거나 독과점이 발생했고, 그것이 경쟁을 통한 혁신을 저해하면서 경제 성장에 걸림돌이 되었다는 것이다. 경제 활동이 위축되고 새로운 사업자가 시장 진입에 어려움을 겪는 것도 과도하거나 불합리한 규제 때문이라고 주장한다. 정부의 규제는 의도와 달리 경쟁을 저해하고, 경쟁이 가져오는 혁신과 같은 긍정적 결과를 가로막는 장치라는 것이다. 결국 개인의 경제 활동, 기업의 투자 등을 활성화하려면 정부의 대폭적인 규제 완화가 필요하다는 주장이다. 감세 성장론과 마찬가지로 정책의 실제 효과 여부와는 관계없이 매우 선형적인 이론이다.

안보 강경론

'안보 강경론'은 특정 이론이나 정책을 지칭하는 용어가 아니라 외교 및 국방 분야에서 공화당과 보수가 취하는 '강경한 미국 우선주의' 노선과 태도를 말한다. 강경한 정도만 다를 뿐 이 부분에 대해서는 민주당으로 대표되는 미국의 진보 세력 역시 크게 다르지 않으며, 그들만의 대안을 찾아보기도 어렵다. 오히려 국가 안보에 관한 한 보수 세력이 의제를 점령하고 있는 양상이다. 안보 강경론의 핵심은, 미국이 제국적 지위를 갖는 것이 자신은 물론 세계 질서에도 긍정적이기 때문에 미국의 헤게모니는 유지되어야 하며, 이를 위해서 강경한 대외 노선을 취해야 한다는 것이다. 이들은 또 국내의 안정적 발전을 도모하기 위해서라도 외부의 위협 요소는 반드시 제어해야 한다고 말한다. 이러한 미국의 대외 정책 노선은 외형적으로는 여러 다른 모습(예: 우드로우 윌슨Woodrow Wilson의 국제연맹, 프랭클린 루스벨트 Franklin Roosevelt의 국제연합)으로 나타났지만 본질적으로는 패권적 성격의 것이다.[19]

과거 냉전 시대의 안보 강경론은 반공주의 봉쇄 정책으로 나타났다. 그러나 1980년대 후반, 소련은 물론 동유럽 사회주의 체제가 와해되기 시작하면서 반공주의와 같은 단순·명료한 기준이 사라졌다. 미국 일극 체제의 계기와 상황이 주어진 것이다. 신보수주의 이데올로기의 한 부분을 차지하고 있는 냉전 이후의 안보 강경론은 미국 일극 체제의 강화를 목표로 이전의 반공주의보다 훨씬 직선적인 대외 정책 노선으로 등장한다. 이름하여 '자유주의 헤게모니(liberal hegemony)'이다. 이들은 미국 패권에 대한 도전을 용납하지 않는 정면 대결을 내세우며 국제기구와 외교적 노선, 국제법 등을 외면

---

19 이삼성, 『세계와 미국—20세기의 반성과 21세기의 전망』 (한길사, 2001).

하고, 필요하다고 판단할 경우 군사 개입을 통해 미국식 자유주의 이념의 강제적 이식을 시도한다. 한편 국내적으로는 국방 예산의 최대화와 대내외 무기 판매로 군수 산업의 확장 정책을 추구한다. 군사적·경제적 힘을 기반으로 미국 중심의 국제 질서 체제를 유지하고, 그에 대한 도전을 사전에 예방하는 것을 기본 목표로 한다. 안보 강경 노선에는 일찍이 드와이트 아이젠하워Dwight Eisenhower 대통령 스스로도 인정했듯 군수 산업의 이해관계, 나아가 그에 기초한 미국 경제가 크게 자리 잡고 있다.

유념할 것은 앞서 말했듯 안보 강경론에 관한 한 보수 공화당이나 진보를 자처하는 민주당이나 다르지 않다는 점이다. 냉전 시대에는 물론 그 이후인 1960~1970년대에는 공화당보다 오히려 민주당이 더욱 강경한 반소련 반공주의 노선을 걸었다. 가장 큰 이유는 민주당의 '안보 콤플렉스' 때문이다. 즉, 안보, 반공에 약하다는 여론의 고정관념에 맞서는 방안으로 민주당이 필요 이상의 과장된 안보 제스처를 취한 것이다. 더 길게 보면 남·북미 대륙에 대한 패권을 주장했던 '먼로 독트린Monroe Doctrine'이 보여 주듯 미국의 대외 노선은 정당과 관계없이 기본적으로 제국주의의 성격을 띠고 있었다. 이것이 2차 대전과 냉전을 거치면서 더 강화되었고, 적 아니면 동지라는 이분법적 외교 전략은—신보수주의 노선을 포함해—미국의 군사 국가적 성격, 안보 국가적 성격을 규정하는 가장 큰 요인이었다. 지금도 미국의 '군사-산업-정치 복합체'는 국제 정세의 변화에도 전혀 그 힘이 줄어들지 않았으며, 제국적 국가로서 미국의 정체성 역시 달라지지 않았다.

보수적 사회문화론

'보수적 사회문화론'이란 개인적·집단적 생활 양식이나 사회 질서를 전통적 도덕·사고·가치관을 중심으로 재편해야 한다는 주장이다. 삶의 일상적 현장에서 적용되는 규범이기 때문에 내용상 매우 광범위할 수밖에 없고 상충되는 부분도 적지 않지만, 중요한 항목들을 추려 보면 첫째, 복음주의 또는 근본주의적 기독교 교리를 강조하거나 가족주의나 가부장적 질서를 옹호하는 부분, 둘째, 사회 복지 제도의 축소 또는 최소화를 주장하는 부분, 셋째, 노동 운동, 여성 운동 등 소수자 권리 운동에 부정적이며 공공연한 인종 차별주의를 내세우는 태도나 여성의 낙태를 살인 행위로 몰아세우며 법으로 금지하자는 주장, 넷째, 공동체의 안전과 상충하는 부분이 적지 않음에도 총기 소유 권리를 내세우듯, 개인의 자유를 무엇보다 우선시하고 옹호하는 부분 등으로 구성된다.[20] 보수주의자들은 개인적·사회적 삶의 세계에서 전통적 도덕과 기독교가 가진 역할을 중시하며, 가부장적 가정은 사회 질서 유지에 필수적인 기본 단위로 지켜져야 한다고 생각한다. 한편 이들은 공동체의 이익과 평등보다 개인의 책임과 자유를 더 중시하며, 빈곤이나 소수자 또는 여성에 대한 차별 문제 역시 당사자 개인이 해결해야 할 과제이지 구조적 문제가 아니므로 따라서 정부가 개입할 사안이 아니라는 점을 강조한다.

---

20 미국의 헌법은 독립혁명 이후 오늘날에 이르기까지 수정 조항들이 추가되면서 계속 만들어지고 있는 중이다. 독립 초기인 1781년, 13개 조항으로 구성된 '연합헌장(Articls of Confederation)'을 시작으로 1791년, 흔히 '권리장전(Bill of Rights)'으로 알려진 10개의 수정 조항이 추가되었는데, 총기 소유의 권리는 이 중 2조에 규정되어 있다. 그런데 총기 소유 권리는 그것이 천부적인 인권이라는 뜻에서 추가된 것이 아니라 상비군이 없는, 이제 막 독립전쟁을 마친 미국을 영국이 다시 침략할 경우에 대비한 일종의 국토방위 조처의 하나였다. 그럼에도 시간이 지나면서 그것이 마치 개인의 인권 또는 미국의 자유를 상징하는 것으로 신격화되었다.

유럽의 경우

여기에서 잠깐 눈을 돌려 대서양 건너편 유럽 보수의 모습을 들여다보자. 미국 보수의 얼굴을 좀 더 균형적이고 넓은 시각에서 바라보기 위해서이다. 아래의 표는 미국과 유럽의 보수주의의 차이를 다룬 여러 자료의 내용을 요약정리한 것으로 둘의 차이를 일목요연하게 보여 준다.[21]

지표	유럽	미국
정부의 역할	적극적	소극적
종교	탈종교적 태도	기독교 국가의 성격
국방 정책	군사력 비우호적	강력한 군사력 선호
복지 제도	복지 국가 지향	최소 복지주의
환경 문제	문제의 심각성 인식	문제 인식 소극적
이민 정책	비차별 노력	공공연한 차별과 배타적 태도

신보수-신자유주의 시대 미국과 유럽 사이에 큰 차이가 없어졌다는 주장도 있지만, 표가 보여주듯 미국과 유럽의 보수주의는 분명히 다르다. 사회·문화적 측면에서 예를 들면 유럽의 경우 총기 소유의 자유 또는 권리를 주장하는 보수주의자들은 없으며 낙태, 동성 결혼 등의 문제에도 훨씬 개방적이고 온건한 태도를 보인다. 또 유럽의 사회 복지 제도들은 오히려 보수 우파 정권 시절에 만들어진 경우가 대부분이다. 뿐만 아니라 2012년 유로 위

---

21 퓨 리서치 센터 자료. 아래 링크 참조.
 https://www.pewresearch.org/global/2011/11/17/the-american-western-european-values-gap/

기와 관련, 스페인의 보수당 정부는 일부 금융 기관을 국유화하기도 했으며, 2010년 집권에 성공한 영국 보수당은 부채 감축을 위해 세금을 인상했지만 복지 정책의 기본 틀은 그대로 유지했다. 심지어 신자유주의 시대를 열었다는 평을 받는 대처 총리도 이전 노동당 정부 정책을 전면 폐지한 것이 아니라 선별적으로 유지시켰음은 잘 알려진 사실이다. 이는 미국의 공화당에는 거의 기대할 수 없는 일들이다. 전문가들의 평가를 종합해 보면, 미국의 민주당은 유럽 보수주의, 그것도 오히려 우파에 속하며, 미국의 진보파도 유럽의 기준에서 보면 보수주의 중도파 정도이다. 예를 들면 미국의 사회주의자로 널리 알려졌고, 스스로도 사회주의자라고 칭하는 버니 샌더스Bernie Sanders 의원도 유럽의 기준에서 보면 뉴딜 루스벨트 수준의 민주당 정치인이다.

유럽의 보수주의는 19세기 이래 복잡한 역사의 산물이지만, 당시 유럽의 보수주의는 문자 그대로 반동적이었다. 프랑스혁명과 산업혁명 이전의 전통 사회를 지향하는 반동적 성격을 지닌 것이 유럽 보수주의의 특징이었다. 특히 1814년에 복귀한 프랑스의 부르봉 왕정은 지지자들과 함께 '앙시엥 레짐'의 회복이라고 할 만큼 중세적 종교와 절대 왕조의 질서로 돌아가고자 했다. 역사학자 에릭 홉스봄Eric Hobsbawm이 칭했듯 당시 유럽은 '혁명의 시대'였다. 격렬한 변동이 전개되었다. 영국 보수당 정부는 1848년 유럽을 휩쓴 사회 혁명의 후폭풍을 목격하면서 선거법 개혁, 사회 복지 제도, 세제 개혁을 일부 수용했다. 독일 역시 1880년대 초 비스마르크의 주도로 의료 보험과 산재 보험 그리고 노령 연금 제도 등 혁신적인 사회 보험 제도를 시행했다. 집권을 위한 전술·전략적 차원의 고려도 작용했지만, 계급 간의 갈등이 초래하는 사회 혼란을 미연에 방지하기 위한 차원에서, 즉 급변하는 사회에 대응하는 정치의 일환으로 도입한 것이다. 더 냉정하게 말하면 기존 사회 체제를 지키고자 오히려 기존 사회 질서에 거대하다면 거대한 변화를 주입한 것이다.

여기에서 중요한 것은 유럽 사회에 그 같은 변화를 가장 강력하게 추동한 계급이 노동자라는 점이다. 산업혁명의 선구자였던 영국에서는 이미 19세기 초반부터 활발한 노동 운동이 전개되었다. 그리고 노동자들의 요구를 법과 정책으로 제도화하고자 노동조합은 곧바로 정치조직화의 길로 나아갔다. 이것이 유럽 여러 나라에서 19세기 말, 20세기 초에 노동당 또는 사회주의 정당이 만들어진 배경이다. 19세기 이래 유럽의 노동 운동 역시 사회주의 개념 속에서 성장했고 노동 운동이 사회 운동의 핵심 위치를 차지했다. 또 2차 대전 이후 유럽 각국에서는 노동자와 노동조합의 각종 권리, 보편적 의료 보험 제도 같은 더 확장된 사회 보장 정책들을 만들었다. 자본주의 체제를 계속 유지시키기 위해서라도 필수적인 조처라는 인식에서 노동자, 사용자, 정부 간에 일정한 합의가 이루어졌던 것이다. 미국에서는 이 같은 진보 정치의 전통이 취약했다. 추후 자세히 논의하겠지만 정확히 말하면 미국에서 진보 정치는 강력한 억압 속에서 제대로 성장하지 못했다. 그것이 유럽과 미국 보수의 차이를 만든 결정적 이유이다.

보수주의적 사고의 의미

작은 정부론, 감세 성장론, 탈규제론, 안보 강경론 등은 정부의 역할 및 규모와 대내외 정책 노선을 의미하며, 보수적 사회문화론이란 공동체를 유지하는 질서의 근본 가치와 그에 걸맞은 사고방식과 행태, 즉 도덕률을 말한다.

작은 정부론은 보수주의자들이 품고 있는 기본 전제인 '정부는 거대한 통치의 괴물, 즉 리바이어던으로 커질 가능성이 높고 그 경우 정부는 생활의 조력자가 아니라 생활의 통제자로 기능하게 된다'는 논리에서 비롯된다. 사회 유지를 위한 최소한의 장치로서 필요악일 뿐인 정부가 개인 생활의 통제자가 된다는 것은 곧 개인의 자기 결정권을 침해하는 결과를 낳는다는 것이다. 이는 탈규제론으로 연결되고, 자유라는 거의 절대적인 미국의 신조와도 이어진다. 즉, 자유의 핵심은 개인의 자기 결정권으로, 이를테면 총기 소유의 자유도 이러한 사고의 바탕에서 우러나오는 것이다. 또 기업 활동의 자유로 요약되는 경제 영역에서의 탈규제론 역시 출발은 자유에 대한 원초적 사고에서 비롯된다. 감세 성장론도 이의 연장선상에 놓여 있는 논리이다. 사회의 유지에 필요한 최소한의 역할만을 수행해야 하는 작은 정부에서 높은 세금은 논리적으로 맞지 않으며, 낮은 세금은 사람들에게 더 많은 가처분 소득을 제공하는 역할을 하는 바, 오히려 경기 순환의 활성화에 도움이 된다는 주장이다. 다만 국가의 위상과 국민의 보호는 최우선 과제이니 만큼, 국방과 안보 분야에서는 작은 정부가 아니라 강력한 법적 강제력과 그에 걸맞은 규모를 유지하는 큰 정부를 지향한다는 것이 예외적인 모습이다.

한편 보수적 사회문화론은 이론적 주장이라기보다는 정서적인 요소가 짙게 깔려 있는 감정적·심리적 차원의 논리이다. 예를 들어 공화당과 보수 집단이 드러내는 고질적 병폐인 인종 차별주의, 특히 백인 우월주의 집단의 공공연한 폭력적 활동, 복지 제도를 사회주의나 공산주의 체제의 산물이라고 왜곡하는 선전 활동, 타 인종과 타 종교에 대한 배타적 정서를 바탕으로 하는 복음주의 또는 근본주의 기독교 집단의 활동 등은 합리적 이성의 틀로 설명하기 매우 어렵다. 이러한 모습의 보수주의는 이성적 주장과 논리에서가 아니라 미국의 역사 속에서 오랜 기간 축적되어 온 오류와 편견, 감정적 침전물에서 비롯된다. 유의할 것은 감정적이라 하여 일회적이라거나 즉흥적이라는 뜻은 아니다. 오히려 그것은 보통 사람들, 특히 백인들의 생각 저변에 쌓여 있는 앙금이며 그들의 일상적 행태를 더 크게 좌우하는 직접적인 요소들이다. 현실 공간에서 직접적으로 목격하는 보수주의의 모습, 보수주의자들의 행태는 오히려 이러한 것들이다. 특히 근본주의적 성향을 띠어 가고 있는 기독교 복음주의가 이와 결합하면서 보수적 사회문화론도 더욱 극단적인 양상으로 전개되고 있다.

정리하면, 미국 보수주의자들은 첫째, 정부의 역할을 최소화하면서 기업과 개인의 자유를 최대화하는 것, 둘째, 국가 안보와 관련해서는 미국 우선의 세계 질서를 유지하는 패권적 안보 국가를 세워 나가는 것, 셋째, 백인 남성 중심의 가부장적 기독교 사회화를 주창하고 있다. 기업과 개인 자유의 최대화는 오늘날 신자유주의로, 안보 국가화는 신보수주의로 나타나며, 보수적 사고방식과 행태는 주로 남성 중심의 백인종주의의 모습으로 나타난다. 물론 백인종주의는 보수적 사회문화론이 품고 있는 여러 측면 중 하나이지만, 이것이 미국 보수의 가장 적나라한 얼굴임에는 틀림없다.

이중성과 모순

살펴보면 이들의 논리와 주장은 상호 모순적이다. 구호와 실체가 일치하지 않고, 이론과 현실이 정반대로 나타나기도 한다. 예를 들면 작은 정부론과 안보 강경론은 병존 불가한 주장이고, 탈규제론과 같은 신자유주의적 경제 논리와 근본주의적 기독교의 도덕 논리도 상호 적대적이다. 가장 크게는 경제 영역에서 정부의 역할을 사실상 부정하는 약한 국가론의 신자유주의와 사회 영역에서 정부의 도덕적 규제자 역할을 강조하는 강한 국가론의 신보수주의는 서로 모순된다. 또, 다른 나라에 대한 미국의 개입을 정당화하는 신보수의 '자유주의 헤게모니' 노선은 거의 예외 없이 해당 국가의 민족주의적 저항을 불러일으키면서 국제 평화를 증진하기보다는 오히려 지정학적 갈등과 위기를 심화하는 결과를 가져왔다.

이런 점에서 보수주의 이데올로기는 모순의 집약체이고, 따라서 미국 보수주의는 수미일관한 이론적 틀을 갖춘 이데올로기라기보다는 보수를 표방하는 여러 사회·정치 운동의 모자이크라고 설명하는 학자들도 있다.[22] 달리 말하면, 미국 보수주의란 몇 가지 요소들만을 필요에 따라 조합해도 무방한 매우 편의주의적인 사고방식, 또 과정과는 무관하게 결과가 수단을 정당화하는, 나아가 현실로 나타나는 결과를 훨씬 중시하는 목적론적 사고를 지칭한다고 해도 틀리지 않는다.

보수의 주장은 또 현실과도 부합하지 않는다. 이미 보수주의자들은 집권 이후 자신들의 논리에 투철하지 않거나 타협하면서 거의 예외 없이 선거 공약과는 정반대되는 현실을 낳았다. 예컨대 공화당은 늘 감세 성장과 작은 정부, 건전 재정을 외치며 등장했다. 풍요롭고 부유했던 1950년대 아이젠하워 공화당 정부는 예외로 하더라도, 이어지는 닉슨, 레이건, 아버지 부시와 아들 부시 그리고 가장 최근의 트럼프 정부에 이르기까지, 공화당 정부는 주장과 달리 항상 천문학적인 정부 적자, 국가 부채 문제를 낳았다. 감세 성장론에 집착해 세금을 줄이다 보니 정부 부채가 엄청난 규모로 증가할 수밖에 없

---

22 A. Brinkley, *The problem of American conservatism*, The American Historical Review (1994. April).

었던 것이다. 레이건은 그 때문에 1982, 1983, 1984 그리고 1987년까지 계속 세금을 인상할 수밖에 없었고, 뒤를 이은 부시 대통령도 누적된 국가 채무로 1990년 다시 세금을 인상했다. 그렇게 하지 못했을 경우에는 차기 정부에 부채를 떠넘기는 식으로 국가를 운영했다. 그러면서도 공화당은 민주당이 큰 정부, 빚 잔치 정부라며 걸핏하면 예산안 처리를 지연시키고 지출이 막힌 연방 정부의 폐쇄도 마다하지 않았다.[23] 이 때문에 '감세-정부 적자-증세 예산안 처리 반대-정부 폐쇄'의 악순환은 이제 미국 정치의 일상이 되었다 해도 과언이 아닐 정도이다.

공화당은 또 작은 정부를 주창하면서도 정부 조직을 축소하지 않았고 공무원의 숫자 역시 줄이지 않았다. 좀 더 정확히 말하면 그렇게 할 수 없었다. 이유는 연방 정부 조직의 현실을 제대로 파악하지 못했기 때문이다. 오히려 레이건 시대 연방 국세청은 더 커졌고 아들 부시 시대에는 국토안보부 같은 새로운 정부 부처를 만들기까지 했다. 또 부시 시절 발생한 2007~2008년의 금융 위기 때 공화당 정부가 취한 대규모의 기업 지원 정책은 소위 '티파티 운동'이 시작되는 단초를 제공했다. 트럼프 역시 엄청난 규모의 감세를 단행하면서 천문학적인 규모의 정부 예산 적자와 국가 채무를 남겼다. 경제 전문가들은 감세 정책이 경제 성장과 경기 활성화로 이어지지 않으며, 탈규제의 효과 역시 기업의 민원을 해결해 주는 것일 뿐 금융 위기를 불러온 것처럼

---

23 가장 두드러진 사례는 공화당의 예산안 처리 반대로 클린턴 정부 시절인 1995년 연말, 21일 동안 연방 정부가 폐쇄된 사태이다. 공화당은 환경, 교육, 공중 보건 분야 지출 예산을 완강하게 반대했다. 그 이전에도 예산안 문제로 연방 정부가 폐쇄된 사태는 있었지만 전투적 대결의 양상으로 진행된 것은 1995년 사태가 처음으로, 폐쇄의 범위도 넓었고 기간도 특히 크리스마스 휴가 시즌이 포함되면서 길었다. 한편 2019년 트럼프 정부 시절, 민주당은 멕시코 국경 장벽 건설을 반대하면서 35일 동안 연방 정부의 문을 닫기도 했다.

부정적 파장이 더 크다고 말한다. 지난 100여 년 동안의 경제 성장률이나 고용 지표 등을 비교해 보면, 보수 공화당과 정반대의 노선을 내세운 민주당 정부 시절에 미국 경제가 훨씬 풍성하게 성장했음을 보여 준다.[24] 보수의 주장과 논리를 현실이 반박하고 있는 셈이다.

한편 복음주의 기독교도들을 포함한 보수주의자들은 거의 예외 없이 개인과 가족, 집단이 지켜야 할 도덕과 윤리를 강조한다. 그러나 이들의 정치적 선택은 그와 정반대라 해도 틀리지 않는다. 주지하다시피 트럼프는 생활 태도나 사고방식, 품격과 언행 등에서 정치 지도자는커녕 기독교적 덕목, 나아가 상식적 정서와도 거리가 먼 인물이다. 정도의 차이는 있지만 그것은 1980년의 레이건도 마찬가지이다. 기독교적 도덕, 법과 질서를 강조하는 공화당 집권 시기에 오히려 살인과 같은 중대 범죄율은 높아지고 사회 불안의 정도 역시 더욱 증가한다.[25] 그럼에도 복음주의자들은 공화당에 압도적 지지를 표한다. 이들의 모순적 행태를 반영하듯 교회 수도 많고, 신도들의 예배 참석율도 높으며, 엄격한 기독교 윤리를 강조하는 남부에서 오히려 포르노 문화는 더욱 번성하고, 범죄율·총기 사고율·이혼율·10대의 임신율 또한 높게 나타난다. 또 소득은 물론 사회 복지 서비스의 내용과 품질, 건강 수준(예: 유아 사망률, 기대 수명, 비만율 등)과 생활의 질, 교육, 소득 등 여러 항목에서 미국 내 최하위임에도 공공 복지 제도에 대한 지지율은 매우 낮다. 한편 여성 평등권을 담은 헌법 수정안을 아직도(2021년 11월 현재) 승인하지 않고 있는 12개 주 중에 남부가 10곳이다. 또 이들은 '생명의 신성함'을 내세우며

---

24 D. Leonhardt, *Why are Republican presidents so bad for the economy?,* New York Times (2021. February 2).

25 J. Gilligan, *Why some politicians are more dangerous than others* (NY: Polity, 2011)

낙태를 죄악시하고 불법화하지만 정작 더 많은 사람의 목숨을 앗아 가는 총기를 규제하자는 주장에는 자유를 침해하는 것이라며 한사코 반대한다. 이같은 현실은 전통적 도덕과 질서 회복을 내세우는 보수의 주장이 얼마나 아이러니하며 이중적인 것인지를 그대로 드러낸다.

보수의 권력 지향성

보수는 위선적 자기모순과 같은 이중성에 주목하지 않는다. 사회심리학자들의 연구에 따르면 보수주의자들은 일반적으로 권위주의적 사고와 행태를 드러낸다. 대신 보수는 권력 쟁취에 더욱 집중한다. 기득권 체제를 옹호하는 것이 보수의 출발선이기 때문이다. 그것이 보수주의라는 이데올로기가 품고 있는 본질적 요소이다. 정치학자 코리 로빈Corey Robin이 지적하듯, 보수란 엘리트의 지배 권력 획득과 유지·확장에 목적을 두고 있는 사고방식과 행태를 칭한다.[26] 즉, 정치와 경제의 현실적 권력 그 자체가 목적이라는 의미이다. 그래서 보수는 아래로부터의 민주주의 또는 권력 앞에서의 평등을 거의 인정하지 않는다. 그들이 노동 운동, 여성 운동, 민권 운동, 빈민 운동, 인종 차별 반대 운동, 성 소수자 운동 등 약자와 그들의 저항을 외면하거나 혐오하고 탄압하는 이유이다.

신보수-신자유주의 이데올로기 역시 애초부터 민주주의와 대척적인 이념

---

26 C. Robin, *The reactionary mind: Conservatism from Edmund Burke to Sarah Palin* (NY: The Oxford Univ. Press, 2011).
27 W. Brown, 앞의 논문.

이다.[27] 정치학자 웬디 브라운Wendy Brown이 설명하듯, 신보수주의에서 국가는 권위주의적 리더십을 가진 존재로 자리매김한다. 신자유주의는 경제적 효과와 효율성에 기초한 통치를 추구한다. 달리 말하면 신보수-신자유주의 이데올로기를 구성하는 핵심 요소는 정치권력에의 욕망과 자본권력에의 욕망이다. 권위주의적 리더의 효율적 통치와 경제적 성취를 우선시하는 욕망의 신보수-신자유주의 체제에서 국가와 자본은 공동의 협력체로 작동하면서 정치권력은 왜곡되고 경제권력은 비대해진다. 민주적 통치 문화, 정치적 자유와 평등 같은 가치와 규범은 평가절하된다. 각 개인의 근면과 자조自助가 사회 질서의 핵심이며 실패 역시 개인의 책임이다. 공동체에 대한 책임보다 각자의 물질적 성취가 더 중요하고 의미 있는 것으로 강조된다. 정치의 의미는 격하되고 사람들은 정치적 주체로서의 시민이라는 정체성으로부터 멀어지도록 훈육된다. 권위주의가 싹트는 토양이 만들어진다.

유의할 것은 권위주의는 지배의 권위주의만을 지칭하지 않으며 복종의 권위주의도 포함한다는 점이다. 즉, 보수주의는 지배와 복종이 혼합된 위계적 이데올로기이며, 그것이 보수 집단이 상명하복의 질서를 구축할 수 있는 근본 토대이다. 비판적 사회 운동을 억압하고 시민 의식을 부식 내지 오염시키는 공화당과 보수주의자들은 정책의 합리성과 집행 역량 같은 상식의 기준에서 권력을 바라보지 않는다. 이들은 권력 자체의 획득과 유지에 더 큰 가치를 부여한다. 따라서 공화당과 보수주의 집단은 '보수의, 보수에 의한, 보수를 위한 권력', 그것을 위해 거의 종교적 신념에 가까운 자세로 뛰는 조직이라고 해도 과언이 아니다.

그렇다면 문제는 '미국 보수는 어떤 배경에서 이런 논리를 세웠는가', '이들의 주장은 과연 합리적이며 사실과 부합하는가', '보수주의는 어떻게 미국 사회를 좌우하는 지배적 이데올로기로 성장했는가', '보수주의는 결국 누구를 위한 이데올로기인가', '보수주의는 미국 사회의 현재와 미래에 어떤 파장을 일으키고 있는가' 등등이다. 다음 장부터 이 문제들을 좀 더 자세하게 살펴보고자 한다.

3

1950년대의 준비 운동
― 뉴딜에의 도전

뉴딜 관련 법안에 서명하는 루스벨트와 당시의 뉴딜 선전 포스터

미국의 역사 속에서 계급을 기준으로 한 보수와 진보의 사회적 대립과 갈등은 건국 100여 년이 지난 19세기 후반에야 비로소 그 초기적 모습을 드러낸다. 영국을 포함한 유럽에서는 19세기 초중반 노동 운동이 시작되고 이어서 사회주의 정당 조직 사업이 활발하게 진행되었다. 미국의 경우 노동 운동은 유럽보다 늦게 19세기 후반부에 본격화되었으나, 사회주의 정당은 유럽과 거의 비슷한 시점인 1876년에 '미국 사회노동당(Socialist Labor Party of America)'—유럽 최초의 사회주의 정당은 1869년 독일에서 시작되었다—이 결성되었다. 이후 사회당은 20세기 초 대통령 후보를 세우는 등 의미 있는 대중 정치 조직으로 면모를 갖추기도 했으나 거기까지가 사실상 최선이었다. 그만큼 진보, 좌익, 노동 운동, 사회주의 등은 미국에서 힘 있는 정치 세력으로 성장하지 못했다. 이유는 무엇보다 19세기 미국사의 핵심 주제가 산업혁명을 경험하는 유럽과 달랐기 때문이다.

18세기 후반부터 19세기 후반까지, 미국 역사의 첫 100년은 영토적 팽창과 경제적 도약의 시기였다. 그 짧은 기간 영토는 무려 세 배 가까이 늘어났고 미국은 대서양에서 태평양에 이르는 대륙적 스케일을 갖춘 국가로 성장했다. 따라서 그즈음의 미국 사회가 당면한 가장 큰 정치적·경제적 쟁점들은 통상적 의미의 진보 대 보수의 대립이 아니라 성장하는 국가의 건설과 관리의 문제였다. 이후 남북전쟁을 치르고, 19세기 후반의 제2차 산업혁명기에 들어서면서 미국은 대규모 자본주의 경제 체제를 구축하게 된다. 이런 배경에서 미국의 노동 운동이 시작되고 이때부터 비로소 자본과 노동의 대립이라는 전형적인 보수와 진보의 대립 구도가 만들어지게 된다. 그러나 대립의 구도는 지극히 불평등한 것이었다. 그렇게 된 가장 큰 이유는 기업과 정부의 조직적이고 강력한 노조 탄압이다. 19세기 후반부터 20세기 초까지, 미국의 각 산업 분야(예: 탄광, 자동차, 철강, 철도 등)에서는 노동조합 활동, 특히 파업에 대해 기업 구사대뿐 아니라 경찰, 심지어 군대까지 동원한 강력한 탄압이 자행되었다. 여기에 정치 참여와 정치조직화를 둘러싼 노동 운동 내부의 분열이 적지 않은 원인을 제공했음은 물론이다.

이처럼 외부의 압력과 내부의 갈등으로 20세기 초반까지 노동 운동은 물론 진보 정당과 진보적 사회 운동이 제대로 성장하지 못하면서, 정치 운동 차원의 보수주의 역시 조직적 틀과 이론을 갖출 이유도 배경도 없었다. 그러나 2차 세계대전 직후부터 상황은 크게 달라진다. 드디어 미국에서도 보수와 진보의 정치적 대립 상황이 본격적으로 전개된다. 가장 큰 계기는 1930년대 F. 루스벨트의 뉴딜과 2차 대전 이후 벌어진 미·소 간의 냉전이다. 뉴딜 체제가 국내적 차원의 것이라면, 냉전은 국제적 차원의 것이다. 이러한 내외의 정황에서 미국 보수주의는 첫 번째 성장의 기틀을 마련한다. 이때부터 1950년대까지는 보수주의 운동의 준비기라고 부를 수 있다. 이를테면 몇몇 지식인들이 책(예: 러셀 커크Russell Kirk의 『보수주의의 이념The conservative mind』)을 출판하거나 시사 잡지(예: 윌리엄 버클리William Buckley Jr.의 격주간지 《National Review》)를 내면서 보수주의 운동 초기의 논리와 이론적 진용을 갖추어 나가기 시작한 것이다.

뉴딜

1930년대 루스벨트 대통령의 뉴딜은 그의 재임 기간에 진행되고 끝난 것이 아니라 1970년대 중반까지 미국 사회를 운용하는 기본 원칙이자 구조 그 자체였다. 흔히 일자리 창출 같은 것을 주 내용으로 하는 경제 되살리기 정책 정도로 알려져 있지만, 뉴딜은 그것을 훨씬 넘어서 국가의 운용 방식과 체제 그 자체를 뜻한다. 1950년대에 들어선 아이젠하워 정부도 비록 공화당 행정부이기는 하지만 뉴딜의 구조와 운용 방식 자체를 바꾸지는 않았다. 즉, 뉴딜은 1930년대에 시작되어 1970년대까지 미국 사회를 움직이는 기본 철학이었던 것이다.

'뉴딜'이라는 말 자체가 '새로운 판'을 의미한다. 즉, 조세 정책과 정부 지출, 사회 기반 시설 확충과 사회 안전망 구축 등과 같은 정부의 적극적 개입을 통해 좀 더 공평한 사회를 만드는 것이 국가의 핵심적 임무임을 분명히 한 것이다. 서유럽 국가들보다는 양과 질의 차원에서 훨씬 약한 것이지만, 뉴딜 체제는 요약하면 미국식 복지 국가의 틀이다. 이런 면에서 뉴딜은 루스벨트 정부의 정책에 붙인 이름을 넘어 국가의 개념과 역할을 재정립한 철학이기도 하다. 금융 규제의 틀(예: 일반 은행과 투자 은행의 업무 영역 및 규제 방식의 구분), 노동자 권익 보호(예: 최저 임금제, 노동권 보장), 사회 안전망 구축(예: 국민연금제, 실업 보험, 의료 보험) 등 이전에 없던 새로운 제도를 만들어 운용하고 감독하는 주체로 정부가 나선 것도 이러한 철학의 변화에서 우러나온 것이지 단순한 정책 도구 차원에서 만들어진 것은 아니다.

한편 정치적 차원에서 뉴딜 체제는 미국 사회에서 민주당이 진보·개혁의 어젠다를 추진하는 주체로서의 위치를 확보하는 결정적인 계기였다. 그 이전까지 민주당은 공화당에 맞서 남부 지역을 기반으로 하는 '인종 차별-백인 종주의' 정당이었다. 그러나 뉴딜과 2차 대전을 통과하면서 민주당은 북부, 도시 지역, 노동자 계층 그리고 무엇보다 중요하게는 남부의 흑인들까지로 지지 기반을 확장하게 된다. 남부의 흑인들은 전통적으로 공화당 지지층이었다. 공화당이 노예 해방의 정당이었기 때문이다. 폭넓은 지지층 확산에 힘입어 민주당은 '뉴딜을 뛰어넘는 뉴딜'을 추진하고자 했고 그 집행의 주체는 1960년대의 케네디와 존슨 정부였다. 이들은 기회의 평등을 넘어 각종 민권 및 참정권 법안, 인종 차별 관행과 제도의 철폐, 빈곤 혁파, 소득의 재분배 정책 등(예: 존슨 행정부의 '위대한 사회 Great Society')을 통해 실제적으로 평등한 사회를 실현하고자 노력했다. '뉴딜의 민주당'을 '미국의 노동당'이라고 평가하는 것도 이러한 배경에서 가능한 일이다.

오늘날까지도 뉴딜에 대한 평가는 극과 극으로 나뉜다. 진보 진영에서는 반자본주의적 개혁, 심지어 혁명이라고까지 칭송하는 사람이 있는가 하면, 보수 진영에서는 반자본주의적 공포, 사회주의, 심지어 공산주의 정책이라고까지 비난하는 사람이 있을 정도이다. 어느 쪽도 사실에 근거한 평가라기보다는 과장과 선동이라고 해야 하지만, 분명한 것은 뉴딜은 미국의 시대와 사회를 가르는 하나의 분기점이 되기에 충분한 거대한 기획이었다는 점이다.

뉴딜 체제에 대한 도전

뉴딜의 엄청난 성공으로 루스벨트는 미국 역사상 전무후무한 4회 연임 대통령이 되었다. 그러나 성공적 뉴딜 역사의 한편에는 루스벨트와 뉴딜 자체에 대한 지속적인 반대도 존재했다. 그 여파로 1944년 네 번째 임기를 맞는 선거에서는 이전보다 훨씬 적은 표차로 승리했다. 놀라운 것은 이 선거에서 공화당이 의회 다수당을 차지했다는 점이다. 이러한 흐름은 1946년 중간선거로 그대로 이어진다. 여기에는 1945년 4월, 뇌출혈로 루스벨트가 급작스럽게 사망하면서 함께 취약해진 민주당의 정치적 역량도 한 원인으로 작용했다.

뉴딜을 통해 미국은 1930년대의 대공황을 극복하고 국민들의 적극적 협력으로 2차 대전에서 압도적인 성공을 거두었다. 그리고 1970년대 중반까지 미국과 서유럽에 '자본주의 영광의 30년(glorious thirty years of capitalism)'

이라고 불리는 경제적 풍요의 시대를 여는 기초를 닦았다. 뉴딜 체제의 성공이었다. 그럼에도 민주당은 냉전이라는 불안한 국제 정세, 국무성 고위 관리의 소련 간첩 사건, 지지부진한 한국전쟁의 경과 등등이 함께 묶이면서 1952년 선거에서 아이젠하워 공화당에 패하게 된다. 여기에서부터 뉴딜 체제에 대한 보수주의자들의 도전이 본격화된다.

도전은 크게 네 개의 집단으로부터 오기 시작했다. 첫째는 경제 이론가와 기업, 둘째는 풍성한 경제 성장에 힘입어 늘어난 보수적 중산층, 셋째는 냉전 반공주의 세력, 넷째는 남부의 인종주의 정치인들이다.

자유 시장 이론가들

경제 분야에서 뉴딜에 도전한 주역들은 경제 전문가, 그중에서도 특히 자유 시장 이론가와 같은 계열의 싱크 탱크 그리고 기업이다. 도전의 핵심은 자유의 논리이다. 자유 시장 이론가의 대표 주자는 하이에크(1899~1992)이다. 그는 뉴딜이 시작될 무렵인 1930년대부터 이미 "개인의 자유와 의지, 책임은

프리드리히 하이에크

국가가 개입할 사안이 아니다", "시장이 정부보다 더 효율적인 경제 체제"라며 이를 위한 투쟁을 벌여야 한다고 주장했다. '국가계획 체제는 전체주의로 나가는 첩경'이라는 자유지상주의적 주장을 담은 그의 책 『노예의 길(The Road to Serfdom)』은 1944년 출판되면서 바로 미국 내 베스트셀러가 되었다. 당시 800만 구독자를 가진 최고의 대중 잡지였던 《리더스 다이제스트》는 그의 책이 어려운 시대를 헤쳐

갈 '구원의 과학'이라며 요약본을 출판했고, 이를 계기로 하이에크는 미국 전역을 순회하는 강연회를 열기도 했다. 그리고 1950년 시카고대학에 자리 잡으면서 제자로 프리드먼을 키웠고, 그들은 자유지상주의 경제 이론을 설파하는 '시카고학파'로 불렸다. 그의 주장은 뉴딜의 이론적 바탕인 케인스주의는 물론 뉴딜 체제에 대한 도전이었다.

한편 '잊힌 사람들을 위한 뉴딜'이라는 이름 그대로 서민과 중산층 살리기에 역점을 둔 뉴딜에 공화당과 부유층 그리고 기업들은 비난의 화살을 날렸다. 대공황의 원인 제공자인 은행에 다양한 규제가 가해지고 감독 체계가 새로이 갖추어지면서 흔히 월가라고 표현되는 금융업계의 불만은 엄청나게 치솟았다. 또 노동자와 노동조합의 권리를 보장하는 것을 포함, 기업에 각종 규제 조치가 시행되면서 기업인들은 정부가 기업의 자유를 침해하는 조직이라는 불만을 감추지 않았다. 심지어 이들은 1933년 루스벨트를 몰아내고 파시스트 정부를 수립하려는 쿠데타 음모[28]를 기획하다 적발되기도

---

28 '월가의 반란(Wall Street Putsch)'이라고도 불리는 1933년의 쿠데타 음모를 지칭한다. 다만 쿠데타 음모 자체는 사실이지만, 쿠데타 가담자의 범위, 의도와 실행 가능성, 조직 등에 대해서는 여전히 논란이 진행되고 있다. 당시 음모를 FBI에 신고하고 의회에서 증언했던 예비역 해병 중장 스미들리 버틀러Smedley Butler(그에 대해서는 각주 57 참조)에 따르면 쿠데타의 고위 설계자는 미국의 내로라하는 대기업 회장과 중역들이다. 존 모건John Morgan 2세(같은 이름의 미국 금융업의 대부라고도 불리는 인물의 아들), 이레네 듀폰Irene Dupont(대기업 듀폰 회장), 로버트 클라크Robert Clark(싱어 재봉틀로 유명한 싱어기업 대주주 유산 상속자) 그리고 제너럴 모터스, 제너럴 푸드, 선오일, 레밍턴, 굿이어 맥스웰 하우스 같은 유명 대기업의 주요 임원들. 이들이 자금과 무기를 준비하고 50만 명에 이르는 1차 대전 참전 군인들을 동원, 워싱턴으로 진격해 루스벨트를 체포, 파시스트 정권을 수립할 계획을 세웠다는 것이다. 이들은 쿠데타 지휘관으로 당시 군 내외에서 명망이 높았던 버틀러 장군을 접촉했는데, 이를 파시스트들의 반역 행위로 간주한 장군이 후버 FBI 국장에게 신고함으로써 쿠데타는 사전에 저지되었다. 그럼에도 쿠데타의 상층 지휘부는 의회 청문회에 소환되지도 않았고, 속기록은 증언에서 언급된 그들의 이름이 삭제된 채로 공개되었다. 연구자들은 뉴딜에 협조하는 조건으로 대통령이 이들의 처벌을 면제해 준 것으로 추측하고 있다,

했다. 사실 뉴딜 이전에는 기업이 정부를 염두에 두어야 할 이유가 거의 없었다. 자유방임의 시대였기 때문이다. 한편 2차 대전 중에는 기업에 대한 각종 규제와 가격 통제, 소비자 상품 공급 제한 등과 같은 정책이 지속적으로 집행되었다. 이 때문에 루스벨트 정부를 경제와 산업 그리고 일상생활을 제약하는 사회주의-공산주의 조직이라고 비난하는 사람들도 적지 않았다.

한편 보수 정치인들과 일부 기업인들은 일찍부터 뉴딜 반대 이론을 세우는 작업으로 싱크 탱크를 키웠다. 그리고 자신들의 정책 역량과 기업의 대외 홍보에 집중하는 노력을 기울이기도 했다. 대표적인 것이 기업들의 협력 네트워크 조직인 '전미 제조업 협회(National Association of Manufacturers)', 루스벨트 직전 대통령이었던 허버트 후버Herbert Hoover가 세운 '후버 연구소(Hoover Institution)', 여러 산업 분야 기업의 후원으로 만들어진 '미국 기업 연구소(American Enterprise Institute)'이다. 전미 제조업 협회는 1895년에 세워졌지만, 특히 뉴딜 시기를 전후하여 기업 홍보에 진력했던 단체이다. 한편 후버 연구소는 1919년, 미국 기업 연구소는 1943년에 세워졌다. 이들은 뉴딜이 기업의 자유를 제한하는 체제임을 강조하는 한편, 대공황으로 실추된 기업의 사회적 이미지와 위상을 제고하는 노력을 기울였다. 나아가 이들은 좌익과 공산주의에 반대하는 보수주의 운동을 물심양면으로 지원했다. 싱크 탱크들은 실력을 갖춘 연구자들을 영입, 보수주의 운동에 이론적 자원과 실무적 의제들을 공급하기 시작했다. 1950년대 중반에는 보수의 주장과 논리를 대중에게 설파하는 시사 잡지들도 창간되었다. 대표적인 것은 W. 버클리가 주도한 주간지 《내셔널리뷰》였다. 《네이션》이나 《뉴리퍼블릭》 같은 진보적 시사 잡지들이 뉴딜의 성공에 기여했기에, 보수주의 진영에서도 그에 버금가는 간행물을 만들어야 한다는 것이 그의 주장이었다.

자유 경제 이론가들의 작업과 기업의 후원, 보수주의 정책과 의제를 제시하는 싱크 탱크 그리고 대중을 겨냥해 보수의 논리와 주장을 전파하는 시사 간행물 등은 지적 기반이 취약한 보수주의 운동의 기틀과 내용을 채우는 작업이었고, 이를 통해 보수주의 운동은 1950년대 꾸준하게 사회적 기반을 넓혀 갔다.

풍요로운 중산층

2차 대전 이후 미국은 뉴딜의 토대에서 엄청난 경제 성장을 이룬다. 1945년부터 1960년까지 미국의 부는 250퍼센트나 증가했다. 경이적인 기록이다. 1958년 하버드의 경제학자 K. 갈브레이스는 이 시대 미국을 '풍요로운 사회'라 불렀다. 전쟁 기간과 전후 그리고 1950년대에 걸쳐 미국이 쌓은 막대한 부는 자동차, TV, 교외 주택 등으로 상징되는 소비주의적 생활 방식을 확산시키면서 이름 그대로 '풍요로운 중산층'의 나라를 만들었고 모두는 '아메리칸 드림'을 이룩한 듯 보였다.

풍요로운 1950년대 미국 사회의 한 풍경.
https://www.flickr.com/photos/59061037@N02/32183109825. Elekes Andor (CC BY-SA 2.0)

미국인들은 자신이 성취한 경제적 위치 그리고 자신이 노력해 획득한 재산을 최대한 수호하고자 했다. 그래서 이러한 성취를 가능케 한 체제와 질서를 위협하는, 또는 위협하는 것으로 보이는 움직임은 불순한 것으로 간주했다. 여기에 미국적 삶의 방식 또는 아메리카니즘이라고도 부르는 개인주의, 자유방임 경제, 근면, 자기 책임주의 등등의 사고가 함께 맞물리면서 집합주의적 사고나 행태(예: 노동조합, 복지 제도 등)는 타기의 대상이 되었다. 또 같은 맥락에서 정부가 시행하는 각종 사회·경제적 안전 장치(예: 실업 보험, 국가 의료 보험 체제, 가족 보호 수당, 연금, 공공 주택 공급 등)에 대해 개인의 근면성을 저해하고 흔히 복지병이라 일컫는 정부 의존증을 증대시키는 것이라며 매우 부정적인 견해를 품고 있었다.

이런 사고의 연장선상에서 백인들은 1950년대부터 점차 목소리를 높여 온 흑인 민권 운동을 안정적인 사회 체제를 위협하는 요소로 받아들였다. 그들이 볼 때, 흑인은 복지 혜택을 받으려고 정치에 참여하는 것이고 복지 혜택은 백인의 세금으로 흑인을 도와주는 제도였다. 복지 제도, 흑백 차별 금지 같은 정책에 반대하는 보수적인 백인 중·상류층 집단이 늘기 시작한 것이다. 풍요로운 경제는 보수 성향 계층을 키워 왔고 사회 우경화에 크게 기여했다.

냉전의 바람

이론가들의 작업, 기업의 지원 그리고 경제적 풍요는 보수주의 운동이 자랄 수 있는 필요조건이었다. 여기에 또 하나의 외적 요인이 추가로 작용하면서 운동에 가속이 붙게 된다. 그것은 반공주의 냉전 체제이다.

2차 대전 직후부터 1980년대까지 40여 년 넘게 이어진 미·소 간의 냉전은 핵무기 대치까지 벌어진 첨예한 대립이었다. 냉전을 추동한 것은 공산주의에 대한 미국 사회의 거의 무조건적인 공포와 증오였다. 1949년 마오쩌둥의 혁명으로 중국에 세워진 공산주의 정권, 같은 해 소련의 원폭 실험 성공, 10여 년 뒤인 1957년 소련의 스푸트니크 인공위성 발사, 1962년 쿠바 미사일 사태 등등의 상황이 연거푸 벌어지면서 공산주의의 위험, 핵전쟁의 공포가 미국 사회에 극도로 부각되었다. 소련의 원폭 실험 소식에 당시 일부에서는 이제 미국의 선택이라고는 '죽음이냐 아니면 공산화냐'밖에 남지 않았다고 말할 정도였다. 반공주의라는 냉전 대결적 태도에서는 공화당이나 민주당이나 차이가 없었다. 전후 미국을 휩쓴 '붉은 공포'의 맥락에서 의회의 반미활동조사위원회(HUAC: House Un-American Activities Committee)[29]와 조지프 매카시 상원 의원의 청문회[30]가 각각 1947년과 1954년에 시작된다. 반공 광풍은 미국 사회를 옥죄는 사상 검증의 족쇄였다. 할리우드의 영화감독과 배우부터 연방 정부의 고위 관리,[31] 심지어 보통 사람들까지 반미 활동 공산주의자라는 이름으로 체포와 투옥과 증언으로 몰렸다.

---

29 하원 반미활동조사위원회는 1938년에 설치되어 1975년까지 계속 운영되었다. 설치의 명분은 뉴딜 기간에 벌어진 노동조합 활동, 사회주의·공산주의 정당 활동 등의 국가 전복 혐의를 조사한다는 것이었다. 임시 기구였던 위원회는 1945년 상설 위원회로 바뀌었고 1969년에는 국내안보위원회로 명칭을 변경해 활동을 지속하다가 1975년 하원 법사위원회로 통합되면서 해체된다. 1947년 'Hollywood 10'으로 널리 알려진 영화계 공산주의자 축출 사건, 1948년 알저 히스Alger Hiss의 간첩 사건 등으로 유명해졌다. 한편 HUAC와 매카시 청문회 간에 직접적인 연관은 없다.

30 매카시즘이라는 용어로 널리 알려진 상원 의원 J. 매카시는 의원으로서의 정책이나 입법 활동보다는 선거나 또는 다른 기회에 행한 공산주의 간첩 발언으로 유명해진 인물이다. 이 때문에 타인에게 근거 없는 죄를 덮어씌우거나 불분명한 정보를 널리 유포시키는 선동 행위에 그의 이름이 붙여지게 되었다. 1950년 국무성 간첩 발언으로 소집된 청문회에서 그의 주장은 별 근거가 없는 것으로 밝혀졌고, 또 1954년의 미군 내부의 간첩 발언 역시 청문회를 통해 근거 없는 것으로 밝혀졌다. 이로써 매카시는 상원 의원으로는 사상 처음으로 견책 징계를 받은 인물이 되었다.

냉전 시대, 도발적 발언과
상호 불신이라는 깊은 간극 속의
미·소 대결 국면을 묘사한
미국 시사만화가 브루스 러셀의
1946년 그림.
러셀은 이 만평으로
그해 퓰리처상을 수상했다.

그러나 공산주의에 대한 미국 사회의 우려와 분노는 그보다 훨씬 전인 19
세기 후반, 특히 1871년 프랑스의 '파리코뮌' 사태와 관련한 해외 뉴스들이
전달되면서 이미 널리 퍼지기 시작했다. 또 1917년 러시아혁명이 일어나고
스탈린 체제의 잔혹한 실상이 알려지면서 미국 내 반공주의, 반소련 여론은

---

31 대표적 인물은 알저 히스(1904~1996)이다. 그는 루스벨트와 트루먼 행정부의 국무성 고
위 관리로 얄타회담에 실무자로 참석했고 이후 유엔 창설의 실무적 업무를 주도했다. 그는
1948년 미국 공산당원이었던 휘터커 체임버스Whitaker Chambers가 하원 반미활동조사
위원회에서 그에 대해 증언한 이후, 공산당 지하조직원 여부, 소련 간첩 여부 등의 질문에
거짓 답변했다는 이유로 5년 징역형을 마치고 1954년 석방되었다. 그의 변호사 면허는 그
로부터 20여 년이 지난 1975년에야 비로소 회복되었다. 히스는 사망할 때까지 무죄를 주
장했으나 최근 공개된 구소련 비밀문서에 따르면 그의 간첩설은 사실인 것으로 보인다. 존
스홉킨스대, 하버드 법대를 졸업한 히스의 일대기는 피해망상과 공포의 매카시즘 시대를
살아간 한 지식인의 고통스런 삶을 증언한다.

더욱 강화되었다. 한편 공산주의 또는 사회주의는 사유 재산 제도를 부정하고 노예적인 삶을 강요하는 전체주의적 사상이라는 것, 신을 부정하는 사상이라는 것, 따라서 미국의 문화와 생활 방식에 위협적인 것이라는 식으로 알려지면서 근원적인 반감도 크게 자리 잡고 있었다. 반공주의 냉전 세력은 뉴딜을 그와 동일한 것으로 선전했다. 경제 이론가나 기업이 전체주의 체제라고 뉴딜을 비판했다면, 냉전 세력은 사회주의, 나아가 공산주의의 이름으로 뉴딜을 비난했다.

딕시크랫

일군의 민주당 정치인을 부르는 딕시크랫Dixiecrats이라는 용어가 있다. 말 그대로 딕시[32], 즉 남부를 지역구로 하는 보수 성향의 민주당 정치인을 말한다. 이들은 쉽게 말해 백인종주의로 무장한 남부의 토호들이다. 이들은 뉴딜은 물론 뉴딜의 뒤를 이은 해리 트루먼Harry Truman 대통령의 '페어딜Fair Deal'까지도 철저하게 반대했다.

트루먼 대통령의 페어딜은 뉴딜이 거둔 경제적 성공의 과실을 공평하게 나누자는 취지의 정책 중 하나였다. 우선은 연방 정부와 군의 흑백 평등 고용 및 흑백 분리 폐지 정책의 시행이었다. 그런데 이에 반발한 남부 지

---

[32] 딕시의 어원에 대해서는 여러 설명이 있다. 가장 일반적인 것은 1767년 펜실베이니아주, 메릴랜드주, 델라웨어주 그리고 웨스트버지니아주 사이의 경계선을 최종 확정하면서 당시 해당 지역의 실측을 담당한 측량사들(C. 메이슨과 J. 딕슨)의 이름을 따 '메이슨-딕슨 라인Mason-Dixon Line'이라 불렀고 이때부터 메이슨-딕슨 경계선의 남쪽 지역을 딕시라고 불렀다는 설이다. 이후 딕시는 미국의 남부를 통칭하는 용어로 굳어졌다. 한편 민주당의 보수 성향 의원들을 지칭하는 이름은 시대에 따라 달라지는데, 1990년대 들어서는 '블루 독 데모크랫Blue Dog Democrat'이라고 불렀다. 민주당 지지자들을 남부에서 경멸조로 불렀던 '옐로우 독Yellow Dog'에서 기원하는 표현이다.

역 민주당 의원들이 탈당, 별도의 당을 만든 것이다. 1948년 민주당 대선 후보 지명전에 나선 당시 사우스캐롤라이나 주지사였던 스트롬 서먼드Strom Thurmond가 주동자였다. 그는 흑백 통합 정책을 내세우는 당내 주류 노선에 반발, 이에 동조하는 다른 세 개 주—앨라배마주, 미시시피주, 루이지애나주—의 민주당원들과 함께 탈당, '주 권리 정당(States' Rights Party)'을 창당하고 제3 후보로 대선에 출마한다. '각 주의 권리 인정(States' rights)'이란 명목상으로는 연방 정부와 각 주 사이에 상호 간섭할 수 없는 경계가 있다는 뜻이지만, 실상은 남부 각 주가 유지하고 있는 흑백 차별 제도에 연방 정부가 간섭할 권리가 없다는 주장을 의미한다. 곧 짐 크로Jim Crow[33]의 흑백 차별 논리를 그럴싸한 용어로 포장한 것이다.

딕시크랫은 이때 민주당을 탈당했거나 서먼드를 지지한 사람들을 부르는 이름이다. 당시 이들이 내세운 정치 구호는 놀랍게도 '인종 차별이여, 영원하라(Segregation Forever!)'였다. 그만치 이들은 남부 각 주의 권리 인정과 확보, 인종 차별 정책을 포함한 보수주의 정강 정책을 모토로 하는 집단이었다. 대표 주자인 서먼드는 이후 1954부터 사망하는 2003년까지 미국에서 가장 긴 49년의 상원 의원 경력을 이어 갔다. 그는 또 1957년 민권 법안에 반대하면서 상원에서 가장 긴 24시간 18분의 필리버스터 기록을 남기기도 했다.[34] 1964년 그는 결국 공화당으로 당적을 바꾸었고 이후 1965년 흑인 참정권 법안에 반대표를 던진 두 사람의 공화당 상원 의원 중 한 명이 되었다.

한편 1950년대에 들어 흑인 민권 운동은 점차 그 깃발을 높이 올리고 있

---

33 짐 크로 법에 대한 좀 더 자세한 내용은 4장 참조.

었다. 1954년 연방 대법원은 공립 학교의 흑백 분리와 차별은 흑백 평등을 규정한 헌법에 위반되므로 철폐되어야 한다는 판결을 내렸다. 판결에 대한 남부 백인들의 반대는 격렬하고 폭력적이었다. 아이젠하워 대통령은 등교하는 흑인 학생들을 보호하기 위해 군을 동원해야 할 정도였다. 그에 아랑곳하지 않고 남부에 지역구를 둔 101명의 상·하원 의원들—상원 19명, 하원 82명—은 1956년, 모든 법률적 방법을 동원, 인종 통합 정책을 저지하겠다는 일명 '남부선언(Southern Manifesto)'를 발표했다. 선언에 참여한 의원 중 공화당 의원은 2명, 나머지 99명은 민주당 의원이었다. 오늘날의 미국 정치 구도에서는 선뜻 이해하기 어렵지만, 남부의 민주당이 오히려 1950년대 인종 차별에 기초한 미국 보수주의 운동에 가장 앞장선 정치 세력이었던 셈이다.

보수의 준비 운동

1929년의 대공황과 뉴딜 그리고 2차 대전으로 이어지는 과정에서 공화당의 입지는 현저하게 취약해졌다. 그러나 뉴딜 체제 내에서 싹튼 사회적 불만의 정황은 전후의 보수주의자들과 공화당에 새로운 초석을 다질 수 있는 환경을 제공했다. 보수주의 운동가들은 특히 미국 사회 운용의 기본 틀로 자

---

34 그는 개인적으로는 모순적인 삶의 궤적을 밟았다. 사후에 공개된 사실이지만, 그는 스물두 살 때 16세의 흑인 가정부와의 사이에 딸을 낳았다. 그동안 그는 모녀에게 은밀하게 생활비를 지원해 주었다. 그러면서도 그는 흑인은 백인의 세계에 절대 들어올 수 없는 존재라고 외쳤다. 이를 어떻게 설명할 수 있을까? 그것은 남성 우월주의와 변태적 가학성을 포함한 남부의 기괴한 인종주의의 산물이자, 공식적 얼굴과는 다르게 살아가는 한 이중인격자의 인생, 비틀린 도덕관을 보여 주는 사례이다.

리 잡은 뉴딜에 대해 나름의 반대와 비판의 논리를 세웠다. 이들이 내세운 주장의 핵심은 첫째, 전직 대통령 H. 후버나 F. 하이에크 같은 자유지상주의자들의 논리, 즉 국가계획 체제와 평등주의가 미국의 핵심인 자유의 정신에 어긋난다는 것이었다. 둘째는 뉴딜이 급진주의자들과 공산주의자들에 의해 이루어진 작업이며 루스벨트는 공산주의 동조자라는 공화당의 몇몇 의원들과 유명한 황색 신문사주 윌리엄 랜돌프 허스트William Randolph Hearst 등의 비난이었다.

이들은 '시장의 자유가 자유로운 사회의 핵심이다', '인간들 사이에 천부적으로 존재하는 차이를 국가가 간여해서 평등하게 만들면 안 된다', '뉴딜은 사회주의 정책이다', '공산 제국을 확대하려는 소련을 절대 용인해서는 안 된다' 등등의 주장을 내세웠다. 뉴딜 체제는 자유의 원칙에 반하는 국가의 통제 체제이며, 경제적 자유 침해는 종국에는 정치의 자유와 사회의 자유 침해로 이어진다는 것, 또 국가의 개입은 사람들로 하여금 정부와 정치가에 대한 의존성을 높임으로써 미국의 생활신조인 자조, 근면, 자립과 같은 원칙에 해가 될 뿐 아니라 개인의 문제 해결 능력을 약화시킨다는 것이었다. 즉, 뉴딜 체제는 개인의 자유에 기초한 미국의 전통, 미국의 건국 이념에 어긋나는 전체주의적인 것이므로 바꿔야 한다는 논리가 초기 보수주의자들이 가지고 있었던 기본적 생각이었다.

그러나 공화당과 보수주의자들은 구체적으로 '뉴딜의 무엇을 어떻게 할 것인가', '뉴딜을 철폐한다면 그 이후는 무엇을 어떻게 할 것인가', '뉴딜을 완전히 철폐해야 할 것인가, 아니면 뉴딜을 수정할 것인가' 등에 대해 분명한 입장과 대안은 없었다. 다만 이 시기 공화당은 위에서 정리한 뉴딜 체제에 대한 반대와 비판의 논리, 즉 복지 국가 반대, 공산주의·사회주의 반대 등등을 요체로 하는 '부정의 이론' 수준에 머물러 있었다.

뉴딜은 이즈음 대다수 미국인들이, 나아가 1950년대 공화당의 아이젠하워 행정부까지도 당연히 받아들이는 사회 체제였다. 왜냐하면 뉴딜—물론 뉴딜뿐 아니라 2차 대전이 제공한 경제적 기회와 함께—을 통해 미국은 경제적 풍요, 사회적 안정 그리고 일정 정도의 분배적 평등을 달성했기 때문이다. 이런 맥락에서 본다면 뉴딜은 19세기 후반부터 싹을 틔워 온 반자본주의 운동—농민 운동부터 노동조합 운동 그리고 공산주의 정당까지—의 맥을 약화시킨 결정적 계기이기도 했다. 대공황으로 벼랑 끝 위기에 몰린 자본주의 체제는 뉴딜에 의해 되살아났고, 그런 면에서도 뉴딜은 자본주의를 위한 자본주의 개혁 정책이었다.

뉴딜은 앞서 말했듯 '자본주의 영광의 30년'의 기틀이 되었을 뿐 아니라 남부에 거주하고 있던, 따라서 극심한 차별과 폭력적 공포 속에 움츠려 생존하던 흑인들에게는 새로운 가능성이었다. 적지 않은 수의 흑인들이 루스벨트 연방 정부의 고위 관료로 임용되었다. 이는 전통적으로 공화당의 열혈 지지층이었던 흑인들이 대거 민주당 지지 집단으로 돌아서는 결정적 계기가 되었다. 이러한 사회적 분위기에서, 연방 정부가 권력을 움켜쥐고 개인의 자유를 억압하는 존재라고 주장하는 보수주의자들의 메시지에 다수의 사람들은 공감하지 못했고, 때문에 보수주의는 주류의 사상으로 자리 잡을 수 없었다. 또 보수주의자들이 내세우는 전통적·기독교적 도덕과 윤리의 메시지 역시 『풍요의 사회(The Affluent Society)』(경제학자 존 갈브레이스의 저서로 1958년 출간)라는 책이 나올 정도로 성장한 소비 공화국의 시민들에게 큰 호소력을 갖지 못했다. 1953년에 첫 출판되어 현대 미국 보수주의 운동의 지적 수준을 한 단계 올려놓은 것으로 평가받는 러셀 커크의 『보수주의 이념(The Conservative Mind)』이라는 책의 원래 제목이 '보수주의의 패배(The Conservative Rout)'였던 것도 이러한 정황을 보여주는 하나의 작은 에피소드이다.

당시에는 미국뿐 아니라 유럽에서도 '진보·개혁적 합의(liberal consensus)'
가 지배적이었다. 대공황과 전쟁을 겪은 이들은 공공의 목표를 달성하려는
정부의 강한 위상과 지도적 역할에 대해 광범위한 사회적 동의를 이루었다.
이에 따라 국가(정부)-자본(기업)-노동(노동조합) 간에 힘의 균형을 이루는 협
력적 삼각 체제가 구축되었다. 1950년대 아이젠하워 행정부가 공화당이면서
도 이 틀을 큰 변동 없이 유지했던 것은 풍요로운 공동체를 지향하는 뉴딜
이 폭넓은 사회적 동의를 획득한 체제였기 때문이다. 1950년대 들어 일군의
보수주의자들은 바로 이 체제에 도전하기 시작한 것이다. 이런 점에서 1950
년대 미국 보수주의 운동은 뉴딜뿐 아니라 공화당 아이젠하워 정부에 대한
반대와 비판의 과정에서 성장한 것이기도 하다.

보수주의 운동과 1950년대

빛과 그림자가 공존하지 않는 시대나 사회는 없다. 차이가 있다면 명암의
대조가 어느 정도인가이다. 1950년대의 미국은 빛과 그림자, 그 차이가 극
명했다. 뉴딜은 화려한 성공의 열매를 맺었으나, 그 열매는 불안과 균열의 씨
앗을 안고 있는 것이었다. 풍요로운 사회와 번쩍이는 소비주의 바람의 한편
에는 날카로운 공포의 총칼을 품은 냉전의 그림자가 어른거렸다. 모두의 소
득은 늘어났고 절대적 빈곤층은 감소했지만, 가진 자와 없는 자의 차이 자체
는 줄어들지 않았다. 풍요로운 사회는 한편으로 '고독한 군중'의 사회이기도
했다. 경제적·군사적으로 최강의 지위에 오른 국가는 도전자들의 존재로 늘
불안하였다. 도시를 떠나 평안한 교외의 정원을 갖춘 집에서 TV가 전하는
오락과 소비의 안정적 삶을 욕망하는 사람들의 한편에는, 조직적 사회 질서

와 소비주의가 강요하는 대중문화의 동질성에 반란을 꿈꾸는 사람들 또한 적지 않았다. 또 1950년대의 명암 속에 더욱 두드러지는 것은 흑인 민권 운동과 그에 대한 백인들의 거센 저항이었다. 오랫동안 제도로 굳어져 왔던 흑백 분리와 차별의 관행에 법원과 정부가 제동을 걸자 이에 반발한 백인들의 흑인들을 대상으로 한 범죄가 줄을 이었다.

1950년대 보수주의 운동은 풍요로운 사회 이면에 자리한 불안과 균열의 틈새에서 시작되었다. 보수주의자들에게 뉴딜이 이룩한 미국 사회는 중앙집중적 계획경제 체제로 보였다. 그들은 그것을 사회주의, 나아가 공산주의와 다를 바 없는 전체주의 체제로 해석했다. 정부를 개인의 자유를 억압하는 존재라고 비난하면서 사회주의자와 공산주의자들이 사회를 이끌어 간다고 주장했다. 이는 물론 소수의 급진적 논리였지만 그들은 개의치 않았다. 이후 전개되는 미국 보수주의의 원초적 모습은 이때부터 이미 자리를 잡기 시작한다. 하이에크 등이 주장한 자유지상주의는 작은 정부론과 탈규제론, 감세 성장론 등의 선구적 논리였고, 반미활동위원회나 매카시즘은 안보 강경론의 원형적 형태였다. 남부 출신 정치인들의 행태는 사회문화적 보수, 특히 백인 종주의자들이 어떻게 진보적 사회개혁 의제에 대응하는가를 적나라하게 드러내는 것이었다.

말할 나위 없이 당시 보수주의는 대안의 체제는 아니었다. 보수주의자들은 담론을 형성해 가는 단계에 있었을 뿐 뉴딜을 대체할 통치의 프로그램을 만들 역량을 갖추지는 못했다. 그뿐만 아니라 그 시점까지 이들이 하나의 정치 세력으로 단합하는, 예를 들면 오늘날처럼 보수주의 운동의 무게 중심이 공화당이라는 하나의 정당으로 수렴되는 양상도 아니었다. 아직까지 통일 전선을 구축한 정치 운동으로 성장하지 못했던 것이다. 다만 1950년대 보수주의 운동은 국내적으로는 '뉴딜과 뉴딜의 민주당'을 공동의 적—과장된 표현이기는 하지만—으로 설정하는 시기였고, 왜 그들이 '적'인가를 설명하는 논리를 초보적 수준에서 만들고 내용을 갖춰 가는 단계였다. 한편 국제적 범위의 냉전은 미국 사회의 이념적 스펙트럼을 위축시키는, 역으로 말하면 뉴딜을 뛰어넘는 진보적 이념이 착근하고 성장할 수 있는 토양 형성 자체를 가로막고 있었다. 1950년대 미국의 보수주의는 대내외적으로 그에 대립하는 존재를 확인하였고, 적이 분명해진 당대의 정황은 시작 단계에 있는 보수주의 운동으로서는 오히려 긍정적인 성장 환경이었다.

4

1960~1970년대의 미국
—험난한 이행기

1963년 8월 28일, 20만이 넘는 시위대의 민권 운동 대행진 워싱턴 집회.
저 유명한 마틴 루터 킹 목사의 '나는 꿈이 있습니다' 연설이 이 날 링컨 기념관 앞에서 있었다.

풍요의 1950년대에 싹트기 시작한 것은 보수주의 운동만이 아니었다. 민권 운동, 여성 운동, 환경 운동, 평화 운동, 빈민 운동 등 노동 운동과는 다른 주제와 방식의 사회 운동 역시 성장하고 있었다. 이 운동은 1960년대로 접어들면서 반전 운동, 인종 차별 철폐, 사회 복지 확대, 히피 문화와 성 해방 등의 주장과 논리를 구축하면서 '뉴레프트New Left'라는 이름의 폭발적 정치·사회 운동으로 전개되었다. 진보·개혁 진영은 이제 경제에 집중했던 뉴딜을 넘어서는 새로운 사회적 어젠다들을 내세우면서 미국이 품고 있는 구조적 문제를 제기하기 시작했다. 이들은 1960년대 들어 더욱 확대 또는 급진화되었다. 가장 큰 것은 흑인 민권 운동과 베트남전쟁 반대 운동이었다. 1960년대를 대표하는 이 두 운동을 통해 진보·개혁 진형은 커다란 성취와 동시에 커다란 좌절을 경험한다. 1963년 마틴 루터 킹Martin Luther King 목사의 연설 '나에게는 꿈이 있습니다(I have a dream)'로 유명한 워싱턴의 흑백 차별 철폐 집회, 흑인 민권 운동의 산물인 1964년과 1965년의 차별 금지 및 투표법 제정, 1965년 4월 '민주주의 학생회(SDS: Students for Democratic Society)' 주도로 워싱턴에서 열린 사상 최대 규모의 반전 평화 집회 등은 당시의 역사를 만들어 낸 중요한 계기들이다. 그러나 이에 대한 역풍도 결코 만만치 않았다.

민권 운동은 공식적으로는 크게 진전되었으나 그에 대한 반동은 더욱 공포스럽게 전개되었다. 특히 남부는 인종주의에 기초한 반동적 폭력의 중심지가 되었다. 민권 법안이 통과된 후 남부에서는 '자유의 여름(Freedom Summer)' 또는 '미시시피 하계 프로젝트(Mississippi Summer Project)'라는 이름으로 흑인들의 투표 참여를 독려하는 대학생과 민권 단체의 조직적 정치 운동이 시작되었다. 그러나 상황과 여건은 열악했다. 흑인, 백인을 막론하고 자유의 여름 운동 참여자들이 KKK단에 의해 살해되는가 하면 경찰이나 사법 당국은 알면서도 사태를 외면했다.[35] 한편 반전 운동은 전쟁의 수렁에서 빠져나오지 못한 정부—민주당 존슨 행정부와 공화당 닉슨 행정부 모두—를 더욱 곤혹스럽게 만들었다. 베트남전쟁의 진실은 미국 사회에 큰 충격을 주었다. 전쟁의 명분도 거짓이었고, 참혹한 전쟁의 실상과 추악한 미군의 행태가 드러나면서 미국이 취해 온 반공주의의 정당성, 나아가 미국이라는 국가의 도덕적 정당성도 훼손되었다. 지지부진한 전쟁, 늘어나는 전사자, 천문학적인 비용이 초래한 경제적 압박 그리고 반전 운동의 혼돈 속에서 미국은 갈피를 잡지 못했다. 베트남전쟁은 1975년 미국의 치욕적인 패배로 끝나면서 미국에 커다란 불명예를 안겼고 그 속에서 반전 평화 운동 진영 역시 큰 상처를 입었다.

그 와중에 1963년 케네디 대통령 암살, 1968년 4월 마틴 루터 킹 목사 암살, 같은 해 6월 상원 의원 R. 케네디 암살이라는 전대미문의 암살 사태가 잇달아 터졌다. 연이은 비극은 1960년대라는 시대와 미국이라는 나라가 품고 있는 음울한 좌절을 상징하는 것이었다. 변하지 않는 기성세대에 젊은이들과 진보 세력은 좌절감을 느꼈고, 역으로 기성세대는 진보적 사회 운동에 불만을 토로했다. 이는 미국 사회가 겪고 있는 세대와 인종, 지역, 계급과 이념 사이의 깊은 간극과 분열을 보여 주는 것이었다. 분열하는 것은 진보 세력도 마찬가지였다. '리버럴'이라 불리는 미국의 진보 세력은 뉴딜 체제 자체에 대해서는 큰 이견이 없었다. 그러나 냉전 체제 속에서 반공을 내세우는 냉전 리버럴과 냉전 논리에 비판적인 온건 리버럴 간의 첫 번째 균열이 발생했다. 이어서 1960년대의 격렬한 뉴레프트와 반문화 운동에 대해 찬성과 반

---

35 앨런 파커 감독, 윌렘 데포와 진 해크먼 주연의 1988년 영화 〈미시시피 버닝Mississippi Burning〉은 1964년 6월, 미시시피 주 필라델피아에서 일어난 세 명의 대학생 실종·살인 사건을 모티프로 한 작품이다.

대로 갈리는 두 번째 균열이 나타났다. 뉴레프트와 반문화 운동은 뉴딜적 진보보다 더 급진적이고 전에 없던 새로운 주장—여성, 환경, 성 소수자 문제, 반전 평화, 제3세계 지원, 제국 미국에 대한 비판, 성 해방, 포스트모던 문화 등—을 담고 있었다.

1960년대의 혼란, 음울한 좌절과 격렬한 분열의 틈새에서 보수주의는 기회를 찾아냈다. 사회 곳곳의 갈라진 틈새는 뉴딜 체제의 힘이 점차 소진되고 있음을 보여 주는 것이었다. 동시에 그것은 새로운 정치·경제적 질서가 꿈틀거리고 있음을 보여 주는 먼 신호이기도 했다.

기회의 시간

어느 사회에서든 길을 찾으려는 고통스런 노력은 혼란을 야기하고 정치는 혼란을 기회로 만드는 실천적 행위이다. 1960년대의 격렬한 소용돌이 속에서 미국인들은 길을 묻고 있었다. 그러나 정치는 그 물음에 제대로 답하지 못했다. 진보를 자처하는 민주당은 흑인 민권 운동에서는 커다란 진전을 이루었지만, 베트남전쟁의 문제는 전혀 해결하지 못하고 있었다. 그 때문에 존슨 대통령은 1968년의 재선 출마를 포기해야 했다. 이어진 공화당 행정부에서도 반전 평화 운동은 여전히 CIA와 FBI까지 동원한 정부의 탄압과 모함, 이간질의 대상이 되었다. 이 와중에서 민권 운동은 인종 간의 분열과 증오를 더욱 키우는 책동으로 왜곡되었고 반전 운동은 군 모욕을 서슴지 않는 비애국자들의 불순 행동으로 낙인찍혔다.

1960년대의 혼란은 공화당과 보수주의자들에게는 새로운 기회의 시간이었다. 이들은 사회적 갈등을 자신들의 정치적 이득으로 환산하고자 노력했다. 정치가 통합의 리더십을 발휘하지 못하는 사이, 보수주의자들은 불만과 분열을 이슈화하는 데 집중, 적잖은 성공을 거두면서 1960년대를 보수주의 운동이 도약하는 계기로 만들어 냈다. 이들은 1960년대 두 번의 대통령 선거를 거치면서 1950년대에 뿌린 씨앗의 열매를 거둔다. 1964년과 1968년의 선거에서 보수주의 운동가들은 공화당을 자신들의 이념을 현실로 구현하는 기관으로 만들고자 뛰었다. 1960년의 선거는 뉴프론티어의 케네디냐, 아니면 반공주의의 닉슨이냐의 대결로 치러졌다. 결과는 케네디의 승리였으나 닉슨은 불과 11만 여 표, 지지율로는 고작 0.2퍼센트의 차이로 낙선했다. 공화당이 여기에서 주목한 것은 1960년 선거에서 보여 준 운동가들과 일반 지지자들의 결집이었다. 이후 케네디 행정부가 딕시크랫의 반대를 넘어 적극적으로 흑인 민권 및 참정권 정책을 추진하자, 공화당과 보수주의자들은 이에 반기를 들면서 1964년 선거를 목표로 더욱 집약적인 노력을 기울였다. 그리고 이들은 예상 밖의 결과를 만들어 냈다. 예상 밖의 결과란 공화당을 중도 성향의 정당에서 강경 보수로 이끄는 첫 기초를 놓은 것을 말한다.

1964년 공화당의 대선 후보 경선은 많은 사람을 놀라게 했다. 당원들은 아이젠하워의 온건 합리주의 노선을 잇고자 했던 개혁적 성향의 뉴욕 주지사 넬슨 록펠러Nelson Rockefeller—스탠더드 오일Standard Oil을 창립한 미국의 석유왕 J. 록펠러의 손자—를 떨어뜨리고 강경 보수파인 골드워터 상원의원을 후보로 선출했다. 록펠러는 이미 1960년 대선 후보 지명전에서 닉슨에 패했고, 그와 다시 맞붙은 1968년 지명전에서도 또 패했다. 공화당이 온건 개혁파 노선에서 멀어지고 점차 강경 보수가 주도하는 우파 정당으로 바뀌기 시작한 것이다. 당내외 강경 보수파들은 심지어 1976년 포드 대통령이 그를 러닝메이트로 영입하는 것까지도 막았다. 이후 록펠러는 스스로 정계를 떠났고 2년 후 심장마비로 사망했다.

배리 골드워터

배리 골드워터Barry Goldwater는 누구인가? 그는 애리조나주 피닉스에서 백화점을 운영한 자수성가한 집안의 아들로, 1952년 상원 의원으로 당선되

며 정계에 입문했다. 권위주의자가 아니라는 점, 또 신사적 풍모를 지닌 정치인, 나름 논리와 행태의 일관성을 보인 인물이라는 점에서 극단주의자는 아니라는 평가도 있지만,[36] 뉴딜의 철학이 주류를 이루고 있던 당시, 골드워터의 정책 노선은 극우적 선동이라는 딱지를 피할 수 없었다.

1964년 공화당 대선 후보 배리 골드워터 상원 의원.

그의 주장은 '반뉴딜(anti-New Deal)'과 '강경 반공주의'로 요약된다. 각 주의 권리 인정, 복지 제도 폐지, 노동조합 약화, 공산주의 파괴 정책 추진 등이 그가 내세운 주요 공약들이다. 골드워터는 또 '베트남 핵 폭격'을 주장하기도 했고, 선거 유세 중에 '복지 수혜자의 표는 필요 없다'는 발언도 서슴지 않았다. 주 권리라는 이름으로 포장한 인

---

36 골드워터는 이미 집안 사업인 피닉스백화점은 물론, 피닉스 지역의 학교, 레스토랑 그리고 애리조나 예비군대 내에서 흑백 차별 제도를 철폐하거나 철폐토록 노력했다. 또 한참 후이긴 하지만 낙태 문제나 동성애 문제에서도 '그것은 그들의 헌법적 권리'라며 헌법을 지키는 것은 보수주의자의 기본 도덕이라는 점을 강조한 바도 있다. 2008년 공화당 대선 후보로 오바마와 맞섰던 존 매케인John McCain은 그의 뒤를 이어 애리조나 상원 의원이 된 사람이다. 한편 그해 선거에서 골드워터의 손녀들은 민주당의 오바마 지지를 선언했다.

종 차별 정책—'딕시 작전(Operation Dixie)'이라고 불리는—까지, 골드워터는 이후 미국 보수의 정책 노선이자 공화당이 취한 선거 전략의 첫선을 보였다. 그는 흑백 차별 문제는 각 주에서 알아서 할 일이지 연방 정부가 개입할 일이 아니라고 주장하며 민주당이 추진한 1964년 흑인 민권 법안에 반대표를 던졌다. 당시 33명의 공화당 상원 의원 중 27명이 찬성하고 6명이 반대표를 던졌는데 그 6명 중 한 사람이었던 것이다.[37] 골드워터는 또 공화당과 민주당의 협치는 뉴딜을 인정하는 것이고 정부 부채가 무차별적으로 늘어날 것이라고 비난했다. 아이젠하워 정부는 '싸구려 뉴딜'을 재현한 것일 뿐이라고도 평했다. 하이에크를 본받아 뉴딜의 국가 중심주의는 곧 전체주의 체제라고 주장했다. 그리고 냉전 체제의 유지에 머무를 것이 아니라 공격적 노선으로 공산주의 국가들을 압도해야 한다고 강조했다.

골드워터와 린든 존슨Lyndon Johnson이 맞선 1964년의 선거에서 민주당은 압도적 대승을 거두었다. 대선 선거인단 486 대 52, 상원 68 대 32, 하원 295 대 140, 주지사 33 대 17. 공화당의 대통령 후보 골드워터는 출신 주인 애리조나를 포함하여 루이지애나, 미시시피, 앨라배마, 조지아, 사우스캐롤라이나 등 오직 남부 6개 주에서만 이겼을 뿐이다. 민주당으로서는 이보다 더 큰 정치적 승리가 없었고, 공화당으로서는 이보다 더 큰 정치적 패배가 없었다. 미국인들은 뉴딜 체제에 반대하는 메시지와 냉전 강경 노선을 외치는 공화당의 골드워터가 아니라 인종 차별 철폐와 각종 민권 공약을 내건 민주당

---

37 1960년대 민권 운동의 성과를 상징하는 법안은 두 가지이다. 하나는 1964년의 민권 법안(Civil Rights Act), 또 하나는 1965년의 참정권 법안(Voting Rights Act)이다. 민권 법안은 흑인에 대한 일체의 차별 금지를 규정한 것, 참정권 법안은 그동안 흑인의 투표권 행사를 사실상 금지했던 각종 조처들(예: 문맹 시험, 주민세 규정 등)을 철폐한 것이다.

과 존슨의 '위대한 사회' 프로그램에 지지표를 던졌다.

여기에서 놀라운 것은 민주당의 기록적인 승리가 아니라 공화당과 보수주의자들이 거대한 패배를 변화와 도약의 전기로 만들어 냈다는 점이다. 1964년의 선거 결과, 공화당은 물론 보수주의 운동도 끝이 났다는 것이 일반적인 평가였다. 그러나 겉으로 드러난 모습과 실상은 매우 달랐다. 공화당은 패배가 아니라 남부와 서부를 보수주의 지지 권역으로 끌어들일 가능성을 분명하게 확인했다. 보수주의 이론가와 운동가 들은 공화당을 민주당의 아류가 아니라 보수주의 정당으로 만들었다고 생각했고, 다음 집권을 위한 근거를 마련했다고 믿었다. 또 최일선의 골드워터 지지자들은 선거 패배 이후에도 흩어지지 않고 더 강한 보수주의 전사로 나섰다. 향후 보수주의 운동의 선봉대를 형성하는 '뉴라이트New Right' 조직의 기반을 다진 것이다.

이들은 1964년의 패배에서 오히려 정치 영역과 사회 영역, 두 공간에서 보수주의 운동을 진전시키는 전술적 가능성을 찾았다. 이로서 골드워터의 패배는 한편으로는 닉슨, 레이건, 부시로 이어지는 공화당 정권의 디딤돌이 되었고, 또 다른 한편으로는 '뉴라이트' 조직을 탄생시키며 보수 우위의 사회 분위기를 다지는 출발선이 되었다. 이런 점에서 골드워터는 오늘날 공화당과 미국 보수주의 세력의 선구자인 셈이다.

공화당의 이력새

오늘날의 공화당은 정치 노선에서 과거의 공화당과 정반대의 자리에 서 있다. 출발선의 공화당은 지지 기반이나 지역, 정책과 노선 등에서 지금의 민주당이라고 해도 틀리지 않는다. 공화당의 정체성이 그처럼 180도 달라지는 과정은 20세기의 미국 현대사가 겪은 변화가 그대로 응축된 사례이기도 하다.

공화당, 민주당 등 미국 정당의 역사는 19세기 초반으로 거슬러 올라간다. 아직 정당이라는 형식적 틀이 만들어지기 전인 독립전쟁 직후 미국의 정치는, 조지 워싱턴George Washington을 중심으로 강력한 중앙 정부가 필요하다는 '연방파(Federalists)'와 토머스 제퍼슨Thomas Jefferson을 중심으로 지방 분권형 정부가 오히려 민주적이라는 '민주공화당(Democratic-Republican Party)'—반연방파라고도 불리는—두 집단 간의 대결로 진행되었다. 이후 1830년대 민주공화당 소속 앤드루 잭슨Andrew Jackson 대통령의 정책(예: 연방 은행 설립 반대, 인디언 추방 정책, 노예제 확대 등)에 반대하는 휘그당이 만들어졌고 그것이 오늘날 공화당의 전신이다. 당시 미국 사회를 달군 가장 커다란 문제는 노예제였다. 인디언 추방 정책 등으로 서부 개척 시대가 열리면서 새로운 주가 만들어질 때마다 미국 사회에서는 노예제 도입 찬성과 반대 논란이 반복되었다. 1854년, 의회는 서부 개척지에서도 노예제를 허용하는 법안을 통과시켰다. 이때 노예 제도의 반대와 철폐를 주장하던 휘그당과 민주공화당 소속 정치인 일부가 위스콘신주 리폰에 모여 공화당을 창당한다. 이후 1860년, 노예제 개혁을 기치로 내건 링컨이 대통령으로 당선되면서 19세기 미국사의 가장 큰 전환점 중 하나인 남북전쟁과 노예 해방을 이끈 공화당의 역사가 시작된다.

남북전쟁을 승리로 이끌고 노예제가 없어진 미국이라는 새로운 시대를 연 공화당은 그 때문에 오늘날까지도 '링컨의 정당', '노예 해방의 정당'이라는 이름을 가지게 되었다. 작금의 공화당의 행태는 이런 별칭을 무색하게 하지만, 적어도 공화당의 시작은 그러했다. 한편 남북전쟁 시기는 또 서부 개척 시기이기도 했다. 이미 1848년 멕시코와의 전쟁에서 승리하면서 미국 영토는 오늘날의 대륙적 크기로 확장되었다. 이에 맞춰 공화당은 미국의 근대화 정책을 제시하고 이를 구체화시켜 나갔다. 은행과 철도 기업 등에 강력한 정부 지원 정책을 폈고, 이를 통해 각종 산업과 도시의 확대가 이루어졌으며, '토지 제공법(Homestead Act)'으로 농부와 일반인에게 저렴한 가격의 토지 분배를 추진, 자영 농업의 기반을 다지기도 했다. 한편 '학교 부지 제공법(Land Grant Act)'을 통해서는 대학 설립에 필요한 부지를 공급, 고등교육을 위한 법률적·물리적 토대를 구축한 것도 공화당이다. 이러한 과정을 거치며 공화당은 북동부와 중서부 지역을 중심으로 정치적 지지 기반을 빠르게 확대해 나갔다.

이와 함께 19세기 후반의 제2차 산업혁명 동안 미국 경제는 엄청난 규모와 속도로 성장했고 공화당은 점차 자본가들의 이해관계에 집중하였다. 본래 공화당은 북부의 개신교, 노동자, 화이트칼라 전문가, 기업, 농민, 흑인들까지 폭넓은 지지 기반을 가지고 있었으나 2차 산업혁명 이후 점차 상층부 지배 엘리트와 자본가들의 정당으로 변하게 된다. 물론 테오도어 루스벨트 Theodore Roosevelt 대통령 시절 노동자들의 권익 향상을 포함하는 사회·경제 분야의 개혁 정책을 집행했었지만, 당의 개혁적 노선은 지속되지 못한 채 경제적 성공의 과실에 심취해 자유방임 노선을 지속해 왔다. 1929년의 대공황 사태는 거의 모든 것을 바꾸었다. 공화당은 '대공황 정당'으로 각인되었다. 자유방임 노선은 종막을 고했다. 남부는 말할 것도 없고, 북부의 공화당 지지도 수직으로 하강했다. 이를 계기로 남부의 토호 조직 정도였던 민주당은 프랭클린 루스벨트를 앞세운 개혁 프로그램의 정당으로 일어섰다. 공화당은 여기에서 루스벨트와 뉴딜에 반대하며 보수화의 길을 선택했다.

유의할 것은 여기에서 말하는 보수의 길이 수구적이라거나 극우화를 뜻하지 않는다는 점이다. 이즈음의 공화당은 1950년대 아이젠하워 대통령이 보여주듯, 성공적인 뉴딜 체제를 받아들이면서 온건하고 합리적인 정치력을 발휘하는 정당이었다. 물론 매카시 같은 극단도 존재했었지만 그는 당내의 주변부 인물이었다.[38] 1960년대에도 아이젠하워 스타일의 온건 합리적 정치를 이어 가려는 세력과 집단은 존재했었다. 흔히 '합리적(moderate)·진보적(liberal/progressive) 공화당'이라 불리는 이들이다. 이들 중 가장 널리 알려진 인물은 앞서 몇 차례 언급한 바 있는 록펠러이다. 지역적으로는 주로 북동부와 중서부 지역, 계층적으로는 중산층 교외 거주자들을 기반으로 하는 정치 세력이었다. 합리적 또는 진보적 공화당은 이름 그대로 사회문화적 영역—여성의 낙태, 성 소수자 권리 문제 등—에서 매우 개방적인 태도를 지니고 있었고 인종 문제에서도 민주당보다 훨씬 적극적이었다. 1964년의 흑인 민권 법안에 민주당 상원 의원의 찬성률이 67퍼센트인 데 반해 공화당은 80퍼센트였고, 1965년의 참정권 법안에서도 민주당은 상원 의원 63명 중 16명이 반대했지만 공화당의 반대표는 32명 중 단 2명에 지나지 않았을 정도였다. 이들은 또 작은 정부론이 아니라 효율적 정부론을 내세웠다. 감세 성장론이 아니라 뉴딜 모델을 지지했으며, 기업 규제 문제에서도 탈규제가 아니라 효과적인 규제를 주창했다. 대외 노선은 여전히 반공주의-강경파에 속하면서도 훨씬 현실적이며 실용적인 정책 노선을 추구했다. 이 같은 록펠러 공화당의 노선과 정책적 기조는 오히려 오늘날의 민주당을 떠올리게 한다.

---

38 당시의 분위기를 알 수 있는 매카시 관련 하나의 에피소드. 1954년 반공의 선봉 기수 역할을 하던 매카시 의원은 상원에서 징계를 받았다. '빨갱이' 깃발이 거의 모든 것을 압도하던 때였지만, 징계 투표 결과는 찬성 67 반대 22였다. 당시 의석 분포는 민주당 48 대 공화당 47. 공화당 의원 거의 절반가량이 매카시 징계에 동참했다. 심지어 매카시를 복도로 불러내 의사당을 어지럽히고 있다며 준엄하게 꾸짖은 같은 당 의원—아들 부시의 할아버지인 코네티컷주의 프레스콧 부시Prescott Bush—도 있었다.

골드워터 지지자

그렇다면 온건 합리주의적이었던 공화당 주류가 어떻게 거의 극우에 가까운 골드워터에게 밀려난 것일까? 누가 골드워터를 지지한 것일까? 핵심은 1950년대 후반부터 보수주의 운동가들이 보통 사람들을 대상으로 전개한 열성적 정치조직화 작업이다. W. 버클리의 주도로 만들어진 '미국자유청년(YAF: Young Americans for Freedom)'이라는 조직은 보수 성향의 대학생을 포함한 젊은 층을 대거 포섭, 장래 보수주의 운동의 최일선 활동가이자 공화당 내부의 청년 정치 요원으로 키웠다. 이들의 활동으로 공화당 지지의 저변과 보수주의 지지층은 크게 확대되었다. 이들은 공화당의 당내 선거에 적극 뛰어들었고, 기왕의 공화당 주류가 내세운 록펠러 같은 후보를 물리치고 골드워터를 세운 일등 공신이 되었다. 이들은 강경했고 교조적이었다.

기실 1964년 공화당 후보 선출 과정에서 골드워터를 반대하는 당 내부의 조직적인 움직임도 있었다. 록펠러를 지지하는 동부 출신 공화당 의원들 그리고 적지 않은 수의 주지사들[39]이 록펠러 지지 운동을 벌이기도 했으나, 일반 당원들의 열성적인 골드워터 지지와 보수주의 활동가들의 조직적인 골드워터 운동 앞에서 이들은 속수무책이었다. 특히 골드워터의 지지층에는 기업가나 남부의 대농장주 등도 포함되지만 회사원, 가정주부, 소상공인, 중소기업인, 교사, 하급 공무원, 목사 등 중산층에 속하는 보통의 평범한 미국 시

---

39 그 주지사 중 한 사람이 미시간주의 조지 롬니George Romney이다. 우리에게도 잘 알려진 유타주 상원 의원인 밋 롬니Mitt Romney의 아버지이다. 롬니는 골드워터 후보 선출에 즈음해 공개서한을 발표했다. 공화당이 도그마에 빠진 이념 정당이 된다면 결국엔 국가를 분열시킬 것이라는 엄중한 경고를 담은 것이었다. 아들 롬니 역시 아버지와 같은 온건파 공화당원으로 분류된다. 트럼프 탄핵에 찬성표를 던진 것도 그 같은 정치 성향의 반영이다.

민들도 적지 않았다. 이들은 젊은 보수주의 운동가들 못지않게 골드워터가 공화당 대통령 후보로 지명되도록 그리고 선거에서 그가 당선되도록 물심양면으로 뛴 일등 공신들이었다. 1964년 대통령 선거는 공화당이 강경 보수 노선으로 바뀌는 첫 번째 분기점이었고 1970년대 닉슨 대통령 초임 시절을 끝으로 남아 있던 중도개혁 성향의 공화당 세력은 거의 정리되었다.

닉슨과 남부전략

정치인 닉슨의 경력은 시작부터 하원 반미활동조사위원회에서의 활약으로 크게 상승했다. 반공 투사로 명성을 날리면서 이후 캘리포니아주 연방 상원 의원이 되었고, 이윽고 1952년 아이젠하워의 부통령으로 지명된다. 1960

1972년 8월 9일,
사임 후 백악관을 떠나는 닉슨 대통령.
워터게이트의 오명을 쓰고 떠나면서도
그는 큰 웃음과 함께 양팔을 펼치고 손으로
승리와 평화를 의미하는 V 사인을 그려 보였다.
선거 유세는 물론 공식 석상에서
자주 내보였던 닉슨 특유의 제스처이다.
한편으로는 자기방어의 자세이자
다른 한편으로는 자신감의 표현이다.
위기에 대처하는 정치인의 본능적 몸짓에
가깝다.

년 대선에서 케네디에게 패배한 이후 정치 경력을 마감하는 듯했으나, 1968년 다시 대통령 후보로 나서 민주당 휴버트 험프리Hubert Humphrey를 꺾고 당선, 화려하게 재기했다. 닉슨의 성공은 진보적 사회 운동이 불러온 역풍, 주요 도시에서 빈발하는 폭동 사태, 베트남전쟁을 둘러싼 격렬한 찬반 논란, 그로 인한 존슨 대통령의 선거 불출마 선언, 진보 노선 갈등에서 시작하여 혼란과 폭동으로 마무리된 민주당 후보 지명 대회의 후폭풍 등에 힘입은 것이었다.

1968년 선거는 공화당 닉슨, 민주당 험프리 그리고 독자 후보로 나선 앨라배마의 민주당 소속 주지사 조지 월리스George Wallace 간의 삼파전으로 벌어졌다. 선거 결과 특이한 것은 닉슨이 남부의 아칸소, 루이지애나, 미시시피, 앨라배마, 조지아에서 흑백 차별을 공약 1순위로 내세운 월리스에게 졌고, 텍사스에서는 험프리에게 졌다는 점이다. 즉, 남부에서 패배한 것이다. 한편 앞선 1964년의 선거에서 골드워터는 자신의 고향인 애리조나와 '딥 사우스(루이지애나, 미시시피, 앨라배마, 조지아, 사우스캐롤라이나)' 등 남부 6개 주에서 승리를 거두었다. 공화당 후보가 대선 시 조지아주에서 승리한 것은 사상 처음이고 애리조나를 제외한 나머지 4개 주에서는 남북전쟁 이후 최초였다. 이 같은 선거 결과는 닉슨과 공화당의 향후 선거 전략 수립에 결정적인 참고 자료가 되었다. 1970년, 당선 후 첫 중간선거가 다가오자 닉슨과 공화당은 이전의 선거 결과를 분석하면서, 정치 구도의 재편을 노리는 '남부전략(Southern strategy)'으로 알려진 매우 도전적인 프로젝트를 기획하고 추진한다.

남부전략은 단지 공화당의 남부 지지도를 높인다는 통상적 수준의 기획이 아니었다. 그것은 미국 정치의 전통적 구도를 바꾸겠다는 거대한 프로그램이었다. 예를 들면 보수적 인물을 대법관에 지명함으로써 진보적 성향의 법원 기조를 바꾸겠다는 것 그리고 사회 혼란과 무질서의 책임을 반미, 반자본주의 성향을 가진 비판적 지식인들에게 묻는 방식으로 여론을 조성하는 선전 전략 등도 포함되어 있었다. 그러나 현실적 전략의 초점은 남부 각 주에서의 선거 승리 방안이었다. 공화당은 1964년 골드워터 선거에서 발견한 남부의 가능성과 1968년 월리스 지지 지역의 분석을 통해 남부 백인들에 맞는 정치 구호와 정책, 여론 전략과 선거 지침 등을 준비한 것이다.

남부전략이 던진 기본 질문은 '남부 백인의 지지 없이 공화당이 안정적인 정치 기반을 확보하는 것은 불가능하다. 그렇다면 공화당을 '흑인 정당' 정도로 간주하는 남부의 백인을 어떻게 지지 집단으로 만들 것인가'였다. 이에 대해 공화당이 내놓은 답은 '지금 10~20퍼센트 수준에 머무르는 흑인들의 공화당 지지도는 그것으로 충분하기 때문에 더 노력할 필요가 없다. 지금 필요한 것은 남부의 백인들을 민주당 지지에서 공화당 지지로 돌아서게 하는 것이다. 그러자면 흑백 간 인종 갈등 문제, 그와 연관된 다른 사회적 문제들을 최대한 증폭시켜야 한다'였다. 요약하면 백인종주의 심리를 자극한다는 것이고, 이것이 남부전략의 핵심이었다.

그럼 이것을 구체적으로 어떻게 실천할 것인가? 1960년대 민권 운동의 바람 속에서 백인종주의를 공개적으로 내세울 수는 없는 일이었다. 그래서 내용적으로는 백인종주의이되 외형적으로는 명분과 논리를 갖춘 정치 전략을 내세워야 했다. 공화당이 찾은 것은 '남부 각 주의 권리(States' Rights)를 인정하고 존중한다'는 메시지였다. 얼핏 각 주의 자치권을 확대한다는 정도의 뜻을 가진 일상적인 정치 구호로 들리지만 핵심은 흑백 차별 또는 인종주의의 지속을 의미한다. 남부 백인들에게 '주 권리'라는 용어는 그런 의미를 담은 정치적 암호인 것이다.

암호라 불릴 만큼 미국 남부의 역사적 맥락에서 '각 주의 권리 인정'이란 매우 의미심장한 용어이자 개념이다. 왜? 남북전쟁이 벌어진 근본 이유로 남부가 내세운 명분이 바로 그것이었기 때문이다. 노예 해방이라는 연방 정부의 정책에 남부의 각 주가 반기를 든 것은 '노예 문제는 각 주가 스스로 결정할 사안이지 연방 정부가 개입할 사안이 아니라는 것', 즉 연방 정부가 각 주의 권리를 침해했다는 것 때문이었다. 따라서 각 주의 권리를 인정한다는 것은 남북전쟁의 정당성, 나아가 노예 해방, 흑인 민권 운동 등의 미국 역사를 사실상 부정하는 의미까지 포함하고 있다. 그런 의미에서 '남부 각 주의 권리'라는 말은 곧 '백인 우월주의' 또는 '백인종주의'를 뜻하는 묵시적인 표현이다. 직설적인 용어를 사용하지 않으면서도 공화당은 남부의 백인들에게 정치적 동지라고 선언한 것이다.

닉슨은 1972년 선거에서 이 점을 특히 강조했다. 그리고 선거에서 남부의 모든 주를 휩쓸었다. 선거는 남부가 민주당의 아성에서 공화당의 텃밭으로 바뀌는 정치적 대전환을 이끌어 냈고, 미국 정치 판도의 변화에서 남부가 열쇠를 쥐는 '미국의 남부화(Southernization of America)' 현상의 문을 연 계기였다. 물론 남부의 대전환은 1964년의 민권 법안에 대한 민주당 내부 딕시크랫의 반란에서부터 시작된다. 남부전략은 인종 차별, 즉 백인종주의를 핵심으로 하는 공화당의 극우적 메시지를 미국 사회에 전파하고 이에 대한 미국민의 지지 여부를 확인하고자 한, 그러면서 당의 강경 보수화가 고착되는 과정의 하나였다는 점에서 선거 전술을 넘는 더 큰 상징적 의미를 가지고 있다.

그러나 이는 공화당에 남아 있던 온건 개혁파 그룹이 자의 반 타의 반 당을 떠나는 계기가 되었다. 비록 1960년대 골드워터 진영에 의해 예상 밖의 참패를 겪었지만, 그 후에도 당 내외부의 '개혁 그룹'은 남아 있었고, 닉슨 행정부에서 적지 않은 영향력을 발휘했다. 이들 중에는 닉슨의 남부전략에 반대 깃발을 올린 집단도 들어 있었다. 또 '환경청'과 '산업안전재해국'의 설치 그리고 중국과의 외교 관계 수립 등 닉슨의 진취적 행보는 모두 공화당 개혁파의 노력에 힘입은 것이었다. 법제화되진 못했지만, 닉슨이 민주당의 에드워드 케네디Edward Kennedy 상원 의원과 의료 보험 개혁 법안을 함께 준비했던 것이나 기본 소득제를 추진하고자 했던 것 역시 모두 이들의 노력이었다.[40]

이런 면에서 정치인 닉슨은 한마디로 규정하기 어려운 양면적 캐릭터를 지닌 인물이다. 한편으로는 남부전략이나 워터게이트 사건에서도 알 수 있듯 매우 권력 지향적이며 교활한 인물이고, 또 다른 한편으로는 의료 보험과 산업 재해, 환경과 최저 임금제, 나아가 외교 분야에서 이후의 민주당 대통령인 클린턴이나 오바마보다 오히려 앞선 진보적 정책을 추진한 인물이기도 하다. 그를 '공화당의 마지막 개혁적 대통령'이라고 평하는 것도 전혀 무리는 아니다. 그러나 워터게이트 사건[41]이 터지면서 공화당의 개혁 집단은 당을 떠나거나, 남아 있더라도 보수파들에 의해 사실상 축출되거나 정계 은퇴를 하는 식으로 사실상 사라져 갔다. 공화당은 이제 좌우의 균형이 아니라 하나의 날개로 나는 정당으로 더욱 굳어졌다.

---

40 G. Kabaservice, *Rule and ruin: The downfall of moderation and the destruction of the Republican party: From Eisenhower to the Tea party* (Blackwell: The Oxford Univ Press, 2012).

41 1972년 6월 닉슨 대통령의 비서진은 5명의 하수인을 고용, 워싱턴의 워터게이트 빌딩 내에 있던 민주당 전국위원회 사무실에 잠입, 자료를 훔친 절도 사건을 벌였다. 처음에는 단순 강도 사건으로 시작되었다가 점차 백악관이 개입되었다는 사실이 밝혀지고, 이어서 비서진뿐 아니라 닉슨 대통령 본인도 이 사건을 인지하고 은폐하고자 증거를 인멸, 삭제토록 지시한 사실이 드러났다. 한편 워터게이트 사건은 닉슨 대통령 시절 저질러진 수많은 자금 횡령, 돈 세탁, 정치 사찰, 사법권 침해, 불법 침입, 도청 행위 등의 일부였던 것도 동시에 드러났다. 이로써 그의 비서진들은 법정에 서게 되고, 그 자신도 탄핵받을 것이 확실시 되자, 닉슨은 1974년 9월 스스로 사임한다. 미국 역사상 임기 중에 사퇴한 최초의 불명예 대통령이 된 것이다. 한편 사건 당시 닉슨의 국내 정책 보좌관이었던 J. 얼리크먼은 수감 생활 중 면회 온 대학 동기 변호사에게 이렇게 말했다고 한다. "권력의 정점에서 나의 정신은 오염되어 갔다. 닉슨이 재선되는 것이 국가를 지키는 길이라고 믿었다."

남부의 변화

미국에서 남부는 어디를 말하는가? 남부는 지리적 용어이지만 미국에서 '남부(South)'라는 용어는 매우 이데올로기적이다. 맥락은 이렇다. 우선 남부는 남북전쟁 때 '남부동맹(Confederate States of America)'에 참가한 11개 주—버지니아, 노스캐롤라이나, 사우스캐롤라이나, 조지아, 플로리다, 테네시, 앨라배마, 미시시피, 루이지애나, 아칸소, 텍사스—를 지칭한다. 이 중에서도 사우스캐롤라이나, 조지아, 앨라배마, 미시시피, 루이지애나 등은 '딥 사우스deep south'라는 별도의 이름으로 불리기도 한다. 지리적으로도 그렇지만 역사적으로도 문화적으로도 남부 중의 남부라는 의미이다. 여기에 이들 지역과 경계를 맞대는 켄터키, 미주리, 오클라호마, 웨스트버지니아, 메릴랜드 그리고 델라웨어(델라웨어를 남부에 포함시켜야 하는지에 대해서는 논란이 있다) 등의 6개 주를 포함한다. 한편 남서부는 여기에 건조한 날씨 때문에 '태양의 지역(Sun Belt)'이라고도 불리는 뉴멕시코, 애리조나, 캘리포니아를 더한 것이다.

이미 설명했듯 남부는 본래 민주당의 아성이었다. 특히 남북전쟁 이후 1964년까지 거의 100여 년 동안 '딥 사우스'에 공화당 상원 의원은 단 한 명도 없었을 정도였다. 그러나 1960년대 초, 민주당이 각종 민권 법안을 제정하고 흑백 평등과 통합 정책을 추진하면서 딕시크랫을 포함, 인종 차별 전통이 뿌리 깊은 남부의 백인들은 배신감을 느꼈다. 이 간극에 백인종주의를 내용으로 하는 남부전략을 가지고 공화당이 뛰어든 것이다. 사실 닉슨의 남부전략은 1964년 골드워터가 취한 '딕시 작전(Operation Dixie)', 즉 남부 작전이라는 이름으로 남부의 백인들을 목표로 했던 정치 전략의 확대판이다. 닉슨의 남부전략은 여기에 여성과 기독교를 중요한 목표로 추가 설정했다.

여성 해방 운동에 반감을 가진 남부 여성들을 대상으로 전통적 성 역할을 강조하는가 하면, 남침례회로 대표되는 근본주의·복음주의 계열의 보수 개신교단을 지지 세력으로 끌어들였던 것이다.

인종 문제에 관한 한 남부는 미국 안의 또 다른 미국이다. 남북전쟁 이후 노예제 폐지, 흑백 평등과 흑인의 투표권을 규정한 수정헌법 13, 14, 15조가 잇달아 제정되었고, '남부의 재구축'이라는 흑백 통합 정책이 마련되었다. 이에 반대하는 남부의 각 주는 할 수 있는 모든 방도를 동원하여 합법적으로 인종 차별을 강제할 수 있는 법을 만들었고, 이를 '짐 크로 법(Jim Crow laws)'—짐 크로는 19세기 유명한 대중 연극의 흑인 주인공 이름—이라고 불렀다. 이 법은 1964년과 1965년, 흑인 민권법과 참정권법이 만들어지고 나서야 비로소 폐기되었다. 남부의 민주당은 당시까지는 짐 크로의 철저한 방호막이자 기둥이었다. 인종 차별 문제에 관한 한 오히려 공화당이 더 진취적이었다.

사실 뉴딜이라는 대규모 개혁을 추진했던 루스벨트마저도 남부 민주당 의원들의 지지를 이끌어 내기 위해서는 인종 문제를 의도적으로 배제할 수밖에 없었다. 가장 극적인 사례는 1938년의 '린치 금지법' 제정 문제이다. 린치란 개인 또는 집단이 정당한 법 절차 없이 용의자에게 형을 집행하는 것으로 특히 남부에서 백인이 흑인에 가한 무자비한 고문과 살인 행위를 지칭한다. 그것은 백인종주의가 낳은 가학성 범죄였고 백인에게 주어진 권력이었으며 이미 짐 크로 법으로 남부에서는 사실상 합법화된 것이기도 했다. 따라서 짐 크로 법의 핵심을 겨냥한 린치 금지법을 만든다는 것은 남부의 백인들에게서 인종적 권력을 박탈하는 것과 마찬가지였다. '이 법을 만들면 남부의 민주당 의원들은 뉴딜과 관련한 모든 법을 막으려 들 것'이라는 루스벨트의 말은 그런 맥락에서 전혀 과장이 아니다. 실제로 남부의 민주당 상원 의원들은 한 달 가까이 필리버스터를 진행, 결국 법안은 상정조차 되지 못한 채 묻히고 말았다.[42] 루스벨트의 발언은 30여 년이 지난 1965년 존슨 대통령에 의해 반복되었다. 당시 흑인 민권 법안 통과 이후 존슨은 '이 법의 통과로 남부는 이제 공화당으로 넘어갔다'고 말했다. 흑백 평등과 통합은 1930년대에도 1960년대에도 여전히 금단의 뇌관이었던 것이다. 감히 뇌관을 건드린 민권 법안으로 인해 남북전쟁 이래 공화당의 무덤이었던 남부는 존슨의 말대로 민주당의 무덤이 되었다.

제2차 남북전쟁

공화당의 남부전략은 성공했다. 여기에서 더 깊이 생각해야 할 것은 공화당이 구사한 남부전략이 많은 학자가 지적하듯 '제2차 남북전쟁'이라는 점이다. 결론부터 말하면 외양은 다르지만 19세기의 1차 남북전쟁에서도 그리고 20세기의 2차 남북전쟁에서도 궁극적으로는 남부가 승리했다고 평가하는 전문가들이 적지 않다.

19세기 중후반, 제1차 남북전쟁에서 전투의 승자는 북부였지만 이후 노예 철폐와 흑백 통합을 기조로 하는 남부의 재구축 작업은 사실상 실패로 돌아갔고 남부는 재남부화되었다. 남부에 파견된 연방 정부 관료의 무능과 부패도 한몫했지만, 연방군이 철수한 이후 교묘한 방식으로 법을 피해 흑백

---

42 E. Klein, *Why we're polarized* (NY: Avid Reader Press, 2020). 린치 금지법의 역사는 길다. 법안은 처음 발의된 지 거의 100여 년이 지난 2022년이 되어서야 비로소 의회를 통과하였다.

딕시랜드라고 불리는 남부 지도와 남북전쟁 당시 남부연합 깃발. Alex Microbe (CC BY-SA 4.0)

차별을 온존시키는 남부 각 지역의 반발이 가장 큰 배경이었다. 아닌 게 아니라 1901년 미국 의회에서 남부 출신의 흑인 의원은 사라진다. 이후 남부의 흑인이 연방 의회로 진출할 때까지는 무려 72년을 기다려야 했다. 남북전쟁 이후 거의 100여 년이 지난 1960년대, 케네디와 존슨 행정부의 민권법안과 '위대한 사회' 프로젝트로 상징되는 두 번째의 남부 재구축 작업 역시 외형적으로는 성공한 모양새이다. 그러나 그 앞에는 무수한 난관이 도사리고 있었다. 민권 운동과 관련 제도에 반대하는 백인들의 저항 움직임이 남부는 물론 미국 각지에서 전개되었다. 예를 들어 흑백 통합 교육 정책—통합 통학버스 운영 같은 아주 구체적인 문제까지 포함하여—에 반대하는 주민들의 운동이 심지어 진보적인 전통이 강하다는 보스턴에서도 끈질기게 진행되었다. 여기에는 강제적 통합 조치 때문에 거주지와 학교가 전혀 다른 경우를 발생시킨 관료적 교육 행정 문제도 크게 작용했음은 물론이다. 결과적으로 과격한 평가이기는 하지만 1, 2차 남북전쟁에서 남부는 모두 사실상의 승리를 거둔 것이다.

남부의 대중적 토대가 없다면 공화당으로 대변되는 미국 보수의 이데올로기와 정치의 헤게모니는 불가능하다. 역사학자 D. 골드필드가 지적했듯이 남부의 각 주들은 마치 하나의 집단처럼 움직인다.[43] 특히 인종 문제, 종교와 사회, 종교와 정치, 연방 정부와 주 정부 간의 권력 분할 문제, 연방 예산과 재정 정책 등에서 미국이 어떤 방안을 선택하는가를 이들 남부의 주들이 결정한다고 해도 과언이 아닐 정도이다.

이를 가능케 하는 남부 역사의 핵심은 무엇일까? 남부에서는 남북전쟁을 남북전쟁이라고 부르지 않는다. 원래 남북전쟁이라는 말은 편의상의 번역일 뿐 정확히 말하면 '남북 각 주 간의 전쟁(War between the States)'이다. 그래서 내전, 즉 Civil War라고 부른다. 그러나 남부에서는 그렇게 부르지 않고 '북부의 침략 전쟁(War of Northern Aggression)'이라고 부른다. 이 전쟁에서 질병으로 인한 사망자를 포함 남북 합쳐 모두 62만여 명이 죽었고, 부상자는 100만이 넘었다. 남부의 청장년 백인 남자 다섯 명 중 한 명은 죽었다. 또 남과 북을 합쳐 민간인이 얼마나 죽었는지는 아무도 모른다. 미국 역사상 최대의 비극인 이 전쟁에서 남부는 패배했다. 남부 사람들에게 주어진 과제는 이 엄청난 패배와 비극을 설명하고 정당화하는 것이었다. 여기에서 남침례회 교회가 주축이 되어 만들어 낸 남부의 논리가 이후 남부의 역사, 남부인의 사고와 문화를 이끄는 기본 동력이 되었고, 남부의 각 주를 하나의 집단처럼 움직이게 하는 힘이 되었다.

---

43 D. Goldfield, *Still fighting the Civil War: The American South and southern history* (Baron Rouge: Louisiana State University Press, 2003).

남부의 논리는 원래 남부가 귀족적 문명사회였다는 전제에서 출발한다. 우아하고 찬란한, 평화롭고 문화적인 신사의 남부였다. 그 문명의 남부가 야만적인 북부의 양키들에게 유린당했다. 왜 그런 일이 일어난 것일까? 남부 사람들은 "그것은 하나님이 주신 땅 남부에서 우리가 하나님을 배신했기 때문이다. 그래서 하나님은 우리의 희생을 통해 우리를 구원하시고자 전쟁과 패배라는 고통을 주신 것이다"라고 여겼다. 여기에서 그들이 어떻게 하나님을 배신했다는 것인가 하는 구체적인 내용은 중요하지 않다. 중요한 것은 전쟁의 패배를 자신들의 배신에서 비롯된 신의 징벌로 내면화했다는 점이다. 그러면서 그들은 "하나님은 우리를 버리신 것인가? 그렇지 않다. 남부는 그렇게 사라지지 않으며 하나님은 우리를 저버리지 않으신다. 따라서 회개를 통해 하나님께 전적으로 의존한다면 우리는 원래의 남부 문명을 회복하는 구원의 역사를 이룩할 수 있다"라고 믿었다. 이것이 남부 백인들이 찾은 '잃어버린 문명(Lost Cause)'[44]이라 부르는 신화의 핵심 스토리 라인이다.

그것은 물론 신화이다. 남북전쟁은 소위 고전 문명의 남부 사회가 실제로는 혼돈과 모순과 갈등에 가득 차 있는 곳임을 여지없이 드러냈다. 연방에서의 탈퇴·분리를 결정하는 투표에서 남부의 주민들은 과반수가 반대한 것으로 나타났다. 왜냐하면 남부의 백인 주민 모두가 노예 제도와 직접적인 이해관계가 있었던 것은 아니기(예: 자영 농민들) 때문이다. 그럼에도 남부동맹 정부는 징병제를 도입하면서 전쟁을 결행했다. 그러나 정작 징병된 사람들은 가난한 백인 장정들이었다. 대부분의 농장주나 노예주 같은 부유층의 아들

---

44 우리나라 문헌에서 'Lost cause'는 거의 '잃어버린 대의'로 번역된다. 틀린 것은 아니지만 뉘앙스 차원에서는 취약하고 어색하다. 그래서 아예 원문 그대로 쓰는 경우도 있다. 여기에서는 표현의 본래적 맥락에 맞도록 '잃어버린 문명'이라고 옮겼다.

들은 식량 등의 보급품 생산과 조달을 담당해야 한다는 논리를 내세워 당시 돈으로 500달러 정도를 내고(당시 보통 농가의 1년 수입은 100~200 달러 수준. 1862년의 500달러는 2021년 기준으로 환산할 때 14,000달러 정도) 징병 면제 혜택을 받았다. 그러나 정작 이들이 생산한 것은 식량이 아니었다. 해외에 비싼 값으로 수출하거나 팔 수 있는 면화였다. 그나마 생산되는 식량은 투기상으로 넘어갔다. 이 때문에 남부동맹군은 늘 식량 부족에 허덕였다. 정부에서는 추후 갚는다는 휴지 조각에 불과한 약속어음을 발행하면서 주민들의 식량을 공출해 갔지만 군인들은 늘 배고파했다. 이 때문에 주민들까지도 기아에 시달렸고 남부 도처에서 여성이 주도하는 식량 폭동이 일어났다.

가난한 자들만 전쟁에 동원되는 희생을 겪고 있었다. 또 북부연방 편으로 의심받는 사람들은 투옥되거나 재산을 강탈당하는 등 남부의 고통은 말할 나위 없이 가혹했다. 탈영병이 엄청나게 늘어났다. 북부연방군에서도 탈영이 빈번했지만 남부는 그보다 훨씬 많았다. 정확한 수치는 알 수 없지만 10만에서 많게는 50만 정도로 추산되는 탈영병이 발생했고 이 중에서 상당수가 북부연방군에 합류한 것으로 알려져 있다. 당시 연방군의 전체 병력은 250만 정도였다. 한편 다른 탈영병들은 '도망자 갱단(deserter gangs)'이라 불리는 게릴라가 되어 오히려 남부동맹군과 전투를 벌였다. 남북전쟁이 진행되는 한편으로 남부동맹 내부의 내전도 벌어졌던 것이다. 남부의 영웅으로 추앙받는 로버트 리Robert Lee 장군이나 남부동맹 대통령 제퍼슨 데이비스Jefferson Davis도 문제의 심각성을 알고 있었지만 해결책은 없었다. 남부의 패배는 애초부터 확정되어 있었던 셈이다.

사실과 신화는 이렇게 다르다. 그러나 신화와 이미지는 사실보다 더 강렬한 힘을 가지고 있다. 전쟁 이후 남부에서는 놀라울 정도로 빠르게 혼돈과 모순과 갈등의 기억이 사라진다. 가장 큰 이유는 우선 노예제에 기초한 대농장 사회라는 전통의 위력과, 특히 남북전쟁으로 파괴된 교통과 통신 수단이 회복되기 시작하는 20세기 초까지 외부와 사실상 단절되어 그들끼리만 남은 남부의 물리적 환경 때문이다. 이는 남부가 교회를 중심으로 재조직되고, 교회가 유포하는 영광스러운 과거라는 신화와 선택적 기억에 사람들이 매료되는 중요한 배경이다. 교회는 '야만적 양키에 의해 부서진 우아한 귀족 사회 남부'라는 조작된 대본에 정신적 인장을 찍었고, 남부의 뿌리 깊은 인종 차별주의, 백인종주의를 그렇게 인정해 주었다. 상대적으로 남부가 다른 곳보다 보수적이고 종교적일 수밖에 없는 이유가 여기에 있다. 문제는 이러한 남부의 정신적 틀과 이를 토대로 만들어진 사회문화적 환경이 보수 집단에 의해 철저하게 이용되었으며, 그 과정에서 미국 보수의 핵심 고갱이로 자리 잡았다는 점이다.[45]

분열의 정치학

그런 의미에서 공화당의 남부전략은 '분열의 정치학'이다. 분열의 정치학은 인종 문제 이외의 다른 문제들, 즉 미국 사회의 문화적 가치관과 도덕의 문제를 선거와 정치의 쟁점으로 끌어들이는 것도 포함한다. 남부전략의 또 다른 핵심은 낙태, 총기 규제, 교회와 국가의 분리, 프라이버시, 동성애 등과 같은 사회문화적 이슈를 둘러싸고 논란을 불러일으킴으로써 사람들의 편을 가르고 정치판의 재편성을 꾀하는 것이다. 이분법적 도덕 논쟁을 통해 너

---

45 R. Smith, *Conservatism and racism, and why in America they are the same* (NY: SUNY Press, 2010).

와 나, 그들과 우리, 선과 악, 기독교와 비기독교 등으로 편을 가르는 것이다.

특히 기독교와 관련, 공화당은 어떤 이슈가 기독교도들의 정치적 선택을 좌우하는가를 면밀히 파악했다. 그것은 여성 평등권 운동, 낙태 문제, 복지 제도 문제, 동성애 문제 등이었다. 공화당은 민주당과 진보·개혁주의자들이 추진하는 사회 변화 운동(예: 여성 해방 운동, 흑인 민권 운동과 참정권 확대, 성 소수자 운동 등)이 반기독교적일 뿐 아니라 개인의 정치적·사회적 권리를 침탈한다고 주장했다. 오늘날 미국의 사회적 보수주의자들이 최대의 이슈로 내거는 낙태 문제는 이 과정에서 의도적으로 부풀려졌다. 본래 개신교도들은 낙태 문제를 '가톨릭 이슈', 즉 가톨릭교회가 중심이 되어 내걸었던 문제로 간주, 비교적 관용적인 태도를 가지고 있었다. 심지어 보수적인 '남침례회'[46] 교단 조차 1973년 연방 대법원의 낙태 합법화 판결을 올바른 결정이라며 동의했었다. 그러나 흑백 통합을 추진하는 '남부를 배신한 배신자' 민주당은 증오의 대상이었다. 민주당이 내세우는 주장은 자신들의 이전 입장이 어떠했든 결코 받아들일 수 없는 것이었다.

닉슨 이후 공화당과 보수 집단은 거의 예외 없이 이러한 방식의 선거와 정치 전술을 구사해 왔다. 정치와 사회 전반적으로 이분법적 사고가 만연하게

---

46 남침례회는 현재 미국에서 가장 크고 오래된, 동시에 가장 강력한 기독교 교회들의 상급 단체이다. 1845년에 만들어졌고 조지아주 오거스타에서 출발, 지금은 테네시 내쉬빌에 본부를 두고 있다. 그해 미국의 개신교회들은 노예제 문제에 대한 입장이 엇갈리면서 남과 북으로 갈라졌다. 이때 성경에서도 인정했다며 노예제를 용인한 남부의 교회들이 모여 만든 단체가 '남침례회(SBC: Southern Baptist Convention)'이다. 이후 북부의 교회들은 1907년 따로 '북침례회'라는 이름의—현재는 미국 침례회(American Baptist Churches in the USA)로 개명—단체를 결성했다. 남침례회는 어느 종파·교파를 막론하고 미국에서 가장 크고 강력한—미국 전역에 걸쳐 현재 1,600만 신도에 소속 교회는 45,000 곳 정도로 북침례회보다 10배 정도 큰 규모—종교 단체일 뿐 아니라 노예제에 찬성한 역사가 말해 주듯 기독교 우파를 대표하는 교회 단체이다.

되었고 사회 내부의 간극과 분열은 깊어졌다. 공화당의 남부전략이 미국 사회에 남긴 큰 상처이다. 그러나 이보다 더 큰 문제는 남부전략을 통해 공화당 정치가 성공하고, 또 남부가 사회·경제적으로 성장하면서 '미국의 남부화', 즉 인종 차별주의, 기독교 근본주의, 기사도의 저급한 변형인 남성 우월주의, 거기에 수반되는 폭력적 경향 등 남부적 성향과 태도가 미국 전역에 널리 확산되었다는 점이다.[47] 물론 연구자들 중에는 원래 미국, 미국민이 그러한 문제를 가지고 있고 그것들이 남부전략과 남부의 성장을 계기로 더 크게 드러난 것일 뿐, 그 책임을 남부화라는 이름으로 남부에 묻는 것은 옳지 않다고 지적하는 사람도 있다. 그러나 어느 쪽이든 남부적 인식이 본격화되었다는 점 그리고 미국 사회의 보수화가 크게 진전되었다는 것만은 매우 분명한 사실이다.

---

47 F. Gaillard and C. Tucker, *The southernization of America: A story of democracy in the balance* (Montgomery, Alabama: NewSouth Books, 2022).

5

보수의 선봉대 뉴라이트

횃불 대신 십자가를 든 자유의 여신상 모형. 테네시주의 한 교회 정문 앞에 세워져 있다.
동상의 기단에는 "America return to Christ(미국이여, 예수 앞으로 돌아오라)."라고 새겨져 있다.
https://www.flickr.com/photos12837894@N04/26722851750 Kathy Drasky (CC BY 2.0)

역사학자 윌리엄 체이프William Chafe가 지적했듯, 미국에서 1960~1970년대는 진보·개혁의 시대가 저물고 사회 각 분야에서 보수 집단이 성가를 올리기 시작하는 시기이다.[48] 이렇게 된 가장 큰 이유는 당시 보수주의자들이 본격적으로 시도했던 두 가지 전술·전략이 일련의 성공을 거두었기 때문이다. 여기에서 보수주의자란 공화당뿐 아니라 일반 시민과 보수 단체, 보수 성향의 기독교 목회자와 신도들을 지칭한다. 통칭 '뉴라이트'라고 불리는 이들은 공화당 밖에서 공화당 대중 정치 사업을 수행하는 조직이었다. 이들은 공화당의 집권을 위해 정치 보수화 운동과 사회 보수화 운동, 두 방향의 운동을 전개해 나갔다. 정치 보수화 운동은 선거 전략 중심의, 사회 보수화 운동은 지지층 저변 확대 중심의 조직 사업이다. 정당 밖의 정당으로, 일선 선거 운동원으로, 공화당 후원자나 지지자로, 당의 전술·전략 조언자로, 또 이데올로기 지도자로 뉴라이트는 다양한 차원의 역할을 수행했다.

이런 점에서 뉴라이트는 보수주의자 개인 또는 조직을 가리키기도 하고, 나아가 새로운 방식의 보수주의 운동 전체를 지칭하는 등 다양한 뜻을 가진 용어이다. 골드워터의 1964년 패배 이후 뉴라이트가 공화당과 함께 벌인 이 두 가지 방향의 조직 사업은 큰 성공을 거두면서 닉슨과 레이건의 집권에 크게 기여했다. 뉴라이트 운동은 1970년대 후반 복음주의 교회를 중심으로 재편되면서 '도덕적 다수(Moral Majority)', '기독교 연대(Christian Coalition)' 등의 기독교 우파로 이어졌다. 이들은 공화당의 지지층을 더 넓고 강하게 조직하는 주체로 자리 잡았고 미국 사회는 점차 보수 우세 국면으로 기울어 갔다. 그리고 21세기 들어 기독교 우파는 부시와 트럼프로 이어지는 공화당

---

48 W. Chafe, *The unfinished journey: America since World War II* (NY: The Oxford University Press, 2006).

정권의 가장 단단한 디딤돌이 되었다.

뉴라이트의 등장

뉴라이트는 골드워터의 선거를 기점으로 보수주의 성향의 청년 대학생, 일반 시민, 보수주의 운동가와 헤리티지재단 같은 보수 싱크 탱크, 기업인, 복음주의 교회의 목회자와 신도 등 다양한 주체들이 구성한 네트워크형 보수주의 연합체이다. 특히 1950년대부터 세력을 크게 확장하기 시작한 복음주의 기독교 계통의 교회와 신도들이 뉴라이트의 대중적 토대를 구성하는 핵심 요소이다. 이들이 '뉴라이트(신보수)'라는 이름을 가진 이유는 같은 시기 활동했던 진보·개혁 세력의 '뉴레프트(신좌파)'에 대응하는 차원에서였고, 또 이론 투쟁에 집중했던 이전 보수주의자들과 달리 주로 현장 활동 방식으로 보수주의 이데올로기의 대중화와 지지 세력 확대에 나섰기 때문이다.

뉴라이트가 가장 역점을 기울인 것은 선거 전술이었다. 이들은 '보수주의가 무엇이며 무엇을 지향해야 하는가, 그를 위해 무엇을 어떻게 해야 하는가' 등의 질문을 둘러싼 노선 투쟁보다 정치의 현실적 실체를 지배하고자 했다. 즉, 지역에서부터 주 그리고 연방 단위에 이르기까지 보수 정치인을 길러 내고 당선시키는 정치 보수화 운동을 전개한 것이다. 대학생, 언론인, 변호사, 의원 보좌관 등을 중심으로 젊은 층을 끌어모아 이들에게 보수주의 정치 교육을 시키는 한편, 선거에서 승리하기 위한 여론 동원과 선거에 임하는 전술·전략을, 특히 네거티브 선거 전술에 초점을 두어 교육하고, 이들을 지지 후보들의 선거 운동에 적극적으로 투입했다. 민주당과 진보·개혁적 성향의 정치인에 대한 지속적인 비판과 낙선 운동을 전개하는 한편, 자신들과 정치적 견해를 같이하는 사람들을 각종 선거의 후보로 선출하고 적극 지원함으로써 이들의 정계 진출을 도모하는 방식으로 운동을 전개한 것이다.

당시 뉴라이트의 영향력을 보여 주는 가장 대표적인 사례는 1964년 록펠러의 공화당 대선 후보 출마를 좌초시킨 것과 1976년 록펠러의 부통령 지명을 또 다시 철회시킨 것이다. 당시 G. 포드 대통령은 대선에 출마하면서 부통령 후보로 록펠러를 지명했으나, 뉴라이트들은 그가 충분히 보수적이지 않은 동부 출신의 리버럴 정치인이라고 비판하면서 극렬하게 반대했다. 결국 포드는 끝내 상원 의원 밥 돌Bob Dole로 부통령 후보 지명자를 교체하게 된다. 뉴라이트는 이처럼 공화당의 개혁적 흐름을 제거하고 보수 성향을 강화시키는 선봉대 역할을 수행한 것이다.

기독교 우파

1970년대 들어 미국 보수는 세력을 크게 확장한다. 거기에는 복음주의파 또는 더 넓게 '기독교 우파(Christian Right)'나 '종교 우파(Religious Right)'라고 불리는 보수 기독교 집단이 존재한다. 이전의 뉴라이트가 좀 더 다양한 요소들의 결합체였다면 기독교 우파는 교회 중심의 기독교 정치 집단이다. 그렇다고 특정 교파를 지칭하는 것은 아니며 개신교, 가톨릭, 유태교 등 여러 교파를 망라하는 네트워크형 조직이다. 또 이전의 뉴라이트가 정치의 보수화 운동에 진력했다면, 1970년대 이후의 기독교 우파는 사회의 보수화 운동과 정치 운동을 함께 진행했다.

조사 시점에 따라 약간의 차이가 있지만, 2021년 퓨 리서치 센터에 따르면 기독교도는 미국 인구의 대략 70퍼센트 내외, 이 중 여러 교파를 합해 개신교는 48퍼센트, 가톨릭은 대략 20퍼센트 수준이다. 기독교 신도 수로는 2억을 상회하여 세계 1위이다. 이들의 정치적 성향은 진보와 보수를 포괄하는 넓은 스펙트럼을 보여 주지만, 보수가 절대다수이다. 특히 개신교단의 50퍼센트 이상을 차지하는 복음주의 성향의 교회나 신도의 경우 공화당 지지율은 56퍼센트 수준이지만, 백인 복음주의자의 경우는 무려 65퍼센트에 이를 정도로 압도적이다.

기독교 우파는 미국의 정치·사회·문화적 변화—점차 목소리를 높여 가는 여성 해방, 성 소수자 인권, 노동, 환경, 빈곤, 반전 평화 운동 등—에 기독교의 논리로 맞서는 정치 조직이다. 주장의 핵심은 '기독교 전통과 미국의 도덕·윤리 회복'이다. 이들은 학교에서의 성경 교육, 창조론 교육 등을 실현하고자 정부를 대상으로 법률적 소송도 마다하지 않는다. 또 포르노, 마약, 낙태 등을 법률로 금지시키고자 정부와 의회, 사법 당국에 강경한 대응을 주문한다. 전통적 가족 윤리를 강조하면서 동성애자 반대 운동, 성교육 반대, 여성 평등권 반대 운동도 치열하게 전개한다. 이들의 조직적 반대로 여성 평등권 조항을 헌법에 추가하는 운동은 이미 20세기 초에 제기된 이래 거의 100여 년이 지난 지금까지도 사실상 성사되지 못하고 있다.

이들은 1979년 복음주의파 제리 폴웰Jerry Falwell, 오순절파 팻 로버트슨Pat Robertson 같은 목사들이 중심이 되어 '도덕적 다수(Moral Majority)'라는 단체를 만들면서 최대의 조직적 결실을 이룩한다. 이들은 버지니아에 본부를 두고 많을 때는 400만 명의 지지자에 200만 명의 후원자를 확보, 레이건 당선에 혁혁하게 기여했다. 그럼에도 '도덕적 다수'는 1989년 설립 10년 만에 해산했다. 레이건 대통령의 임기와 맥을 같이한 셈이다. 마치 '도덕적 다수' 설립의 목표가 레이건 당선이었고, 그가 두 번의 임기를 마치자 마치 존재 이유가 사라져 버린 듯한 양상이었다. 해산 이유는 후원금 부정 사용 스캔들, 교파 지도자들 간의 내분, 다른 기독교 조직과의 갈등 그리고 레이건의 8년 재임 기간 중 안정적 정치 분위기가 조성되면서 지지와 후원이 크게 감소했기 때문이다. 역설적인 것은 레이건은 선거 이후 그 단체에 그다지 관심을 두지 않았다는 점이다. 뉴라이트는 지지 기반으로 활용되었을 뿐, 그의 정책 어젠다에서는 관심 밖의 존재였다.

그렇다고 기독교 우파의 활동이 멈춘 것은 아니다. 1987년에는 팻 로버트슨 목사가 '기독교 연대(Christian Coalition)'라는 조직을 설립하고 다음 해 공화당 대통령 후보 경선에 출마했을 정도였다. 후보 경선에서 그는 탈락했고, 기독교 연대는 2000년 들어 임직원들 간의 불화와 스캔들로 활동 내용과 목표에 파열음이 나면서 사실상 문을 닫았다. 조직체로서의 '도덕적 다수'나 '기독교 연대'는 사라지고 뉴라이트라는 이름 역시 사라졌지만, 기독교 우파는 여러 다른 이름의 조직이 만들어지면서 여전히 왕성한 정치 활동을 전개하고 있으며, 이들은 재정적·사회적·정치적 측면에서 공화당의 가장 중요한 동반자이다. 1970년대 이래 지금까지 공화당의 대선과 총선 승리 한가운데에는 이들이 있는 것이다.

기독교 우파의 정치 경력

기독교 우파의 중심 요소는 복음주의·근본주의 교회와 신자들이다. 본래 이들은 개인의 독실한 신앙심을 강조하기 때문에 정치와 일정한 거리를 두고 있었다. 그런데 앞서 말했듯 이들은 1970년대 들어 매우 빠르게 정치화된다. 어떤 일이 벌어진 것일까.

가장 직접적인 계기는 1971년 본래 과세 면제 대상이었던 기독교 사립 학교에 내려진 면제 특혜 폐지, 즉 세금 부과 조처이다. 연방 세무국(IRS: Internal Revenue Service)의 조처를 대법원이 합헌으로 판결한 것이다. 겉으로는 세무 행정 차원의 조처로 보이지만 여기에 이르기까지 문제는 자못 복잡하게 얽혀 있다. 발단은 1950년대의 흑백 차별 문제로 거슬러 올라간다. 인종 문제는 2차 대전 이후 미국의 커다란 사회적 과제로 부각되었다. 트루먼 대통령의 페어딜에 대한 정치권, 특히 여당인 민주당 내 '딕시크랫'의 반발과 탈당, 인종주의 정당의 창당과 주도자인 서먼드의 대선 출마 등이 그 시작이었다. 또 1950년대 들어 마틴 루터 킹 목사로 대변되는 흑인 민권 운동이 본격화되었다. 이윽고 1954년, 연방 대법원은 공립 학교 흑백 분리 운영이 평등권을 규정한 헌법 위반이라고 판결했다. 이를 통해 적어도 공립 교육 영역에서는 차별 철폐가 공식화되었다. 문제는 흑백 통합 교육을 어떻게 구현할 것인가의 과제가 각 자치단체에 맡겨졌다는 점이다. 따라서 구체적 실천 방안과 관련해서는 적지 않은 난항이 있었다.

한편 판결에 불만을 품은 백인 부모들은 공립 학교 대신 기독교 사립 학교로 아이들을 보냈다. 통합 교육 판결이 역설적으로 흑인들이 다니는 공립 학교와 백인들이 다니는 사립 학교로의 분리를 촉발한 셈이 되었다. 이러자 사실상 흑백 분리 교육 기관인 기독교 학교에 대한 교육 기관 면세 조치가 위헌이라는 소송이 제기되었고 1970년 연방 세무국이 드디어 세금 부과 결정을 내렸던 것이다. 세금 부과 판결 이후 남부에서 학교를 운영하던 교회, 특히 복음주의 교회 목회자들은 분개했다. 그러나 최고 법원의 판결에 이들이 달리 취할 수 있는 방도는 없었다. 결국 복음주의자들은 자신들의 민원을 품어 주는 정치 집단이 집권하도록 지원하는, 즉 교회를 정치 세력화하는 길로 방향을 잡은 것이다.

이들의 첫 번째 정치적 행동은 1976년 대선에 출마한 남부 조지아주 주지사인 민주당의 J. 카터를 지지하는 것이었다. 그 역시 복음주의자였고 땅콩 농장주에 교회 학교 선생이었으며, 나아가 당시까지도 민주당은 남부에서 여전히 지배적 위치를 차지하고 있었기 때문이다. 복음주의자들은 그를 적극적으로 지원했고, 당선에 크게 기여했다. 선거 결과, 애리조나와 뉴멕시코를 제외하고, 텍사스에서 노스캐롤라이나에 이르기까지 남부는 모두 민주당을 선택했다. 이전의 1964년 골드워터, 1968년의 닉슨과 월리스, 1972년 닉슨 등의 공화당 지지 투표와는 정반대였다. 그러나 선거 이후 카터와 기독교 우파와의 관계는 금세 적대적 관계로 바뀌었다. 이유는 카터가 인권과 평화 외교 노선, 진보적 사회 정책 등을 펴면서 기독교 우파와 갈등이 빚어진 때문이었다. 더 결정적인 이유는 앞서 말한 기독교 학교 세금 부과 조처였다. 목회자들은 카터 대통령을 면담, 문제 해결에 나설 것을 독촉했다. 카터는 거부했고 목회자들은 그가 대통령에 재선되지 않도록 기도드렸다고 한다.

이 과정에서 복음주의자들이 깨달은 것은 자신들이 가지고 있는 정치적 영향력, 즉 '선거 결정력'이었다. 사실 복음주의자를 포함한 기독교 우파의 선거 영향력은 일반의 예상을 뛰어넘는다. 예를 들어 복음주의파 개신교도는 전체 인구의 약 30~35퍼센트 정도로 추산되며, 기독교 라디오와 TV, 유치원부터 대학까지 적지 않은 수의 교육 기관(예: Bob Jones University, Liberty University, Regent University, Patrick Henry College 등)이 있다. 또 이들은 특히 남부와 중서부 지역에서 강한 영향력을 가지고 있다. 복음주의 교회를 지원하는 대기업들도 적지 않으며, 잘 알려져 있지는 않지만 미국에서 가장 영향력 있는 보수 단체의 하나인 전국정책회의(Council for National Policy)에는 복음주의 교회 인사들이 적극 참여하고 있다.[49] 이들이 가진 대중 동원 능력과 설득력, 신도들의 열성적인 참여, 교회 조직을 통한 선거 홍보, 재정적 역량 등을 바탕으로 복음주의 집단은 1976년 카터, 1980년과

1984년 레이건, 2000년과 2004년 부시, 2016년 트럼프의 당선에는 물론 공화당의 의회 선거에 결정적으로 기여했다. 특히 이들은 아들 부시 대통령 시기 '신정 정치'라는 말이 나올 정도로 미국 정치의 실세였다.[50]

공화당과 기독교 우파는 이제 민주당과 진보·개혁주의자들에 맞서 '도덕적 미국'을 위해 함께 투쟁하는 범보수주의 정치 운동의 협력 파트너가 되었다. 공화당은 남부의 교회를 당 조직과 지지 기반 확대의 파트너로, 남부의 교회는 공화당을 기독교 교리에 입각한 정치의 파트너로 삼는 강한 연결 고리를 형성한 것이다. 이를 통해 교회는 교회대로, 공화당은 공화당대로 지금까지 엄청난 정치적 성공을 거두었다. 이들은 1980년 65퍼센트, 1984년 69퍼센트의 표를 레이건에게 몰아주었고, 트럼프에게는 이 수치를 훨씬 상회하는 2016년 77퍼센트, 2020년에는 무려 84퍼센트에 이르는 지지를 보냈다. 복음주의자들을 중심으로 하는 기독교 우파는 1980년 이래 지금까지 미국 보수의 헤게모니를 지속시키는 가장 강력한 대중적 기반이 된 것이다.

---

49 전국정책회의는 1981년 뉴라이트 활동가들이 조직한 보수주의 싱크 탱크로 알려져 있지만, 실제는 유력 기업인, 종교 지도자, 언론인, 법조계 인사, 전직 군 고위 장교, 전직 장관 등—예를 들면 암웨이 창립자인 리처드 드보스Richard DeVos, 쿠어스맥주 회장인 조지프 쿠어스Joseph Coors—이 모이는 비밀 클럽이라는 말이 있을 정도로 활동 내용이 외부에 거의 노출되지 않는다고 한다. 여기에서는 정책, 법제, 추진 방향 등과 관련한 보수 집단 최고 수준의 전략이 논의되는 것으로 알려져 있다.

50 K. Philips, *American theocracy: The peril and politics of radical religion, Oil, and borrowed money in the 21st Century* (NY: Viking, 2006).

역사의 아이러니

역사학자 데이비드 베넷David Bennett은 뉴라이트 집단을 미국 역사에 지속적으로 등장한 '공포에 기대어 생존을 영위하는 집단(The Party of Fear)'이라고 설명한다.[51]

베넷이 말하는 공포 기생 집단이란 '이민자, 노조 운동가, 흑인, 사회주의자, 공산주의자, 나아가서는 연방 정부까지도 미국인, 미국 사회에 위해를 가하는 요소라는 공포의 논리를 내세우며 자신들의 정치 운동을 전개하는 집단'을 일컫는다. 일찍이 19세기 중반에 이미 가톨릭교도와 이민자 및 외국인 반대 운동을 벌였던 단체인 Know-Nothings부터[52] 1865년 남북전쟁 이후 남부연합의 제대 군인들이 만든 백인종주의 집단인 KKK단 그리고 1950년대에 등장한 매카시 추종자들과 존 버치 소사이어티John Birch Society 같은 극단적인 반공주의 집단, 또 최근의 극우 인종 차별 집단인 신나치 단체, 정부의 각종 규제에 반대하면서 군사적 행동까지도 불사하는 유사 군사 집단들(Militias) 등을 베넷은 공포 기생 집단의 사례로 들고 있다.

이들은 변화하는 사회에 우려와 분노를 느끼면서도 변화에 어떻게 대처할

---

51 D. Bennett, *The Party of fear: The American far Right from nativism to the militia movement* (NY: Vintage, 1996).
52 원래 이 단체의 공식 명칭은 'Order of the Star Spangled Banner'로 굳이 번역하자면 '성조기 수호단' 정도가 된다. Know-nothings라는 이름은 당시 가장 큰 교세를 가지고 있던 가톨릭과 이민자들의 반발심을 자극할 것을 우려한 단체의 구성원들이 조직에 대한 질문을 받을 때 "I know nothing."이라고 대답한 관례에서 나온 별칭이다. Know-nothing 운동이 대중적으로 확산되는 데에는 신·구 기독교도들 간의 갈등과 함께 이주민들로 인해 열악해진 당시의 노동 조건 등이 큰 배경으로 작용했다. 이러한 세력 확산을 바탕으로 이들은 한때 '미국당(American Party)'이라는 정당까지 조직, 시장과 주 의회 선거에서 일부 당선자를 내기도 했지만, 지도력의 부재로 대부분 당시 새롭게 구성된 공화당으로 흡수되었다.

것인가, 우려와 불안과 분노를 어떻게 해소할 것인가에 대한 진단과 분석보다는, 이분법적인 논리에 기대어 적과 동지를 설정하고 상대방을 악마화하는 편리한 경로를 택한다. 베넷은 뉴라이트도 이러한 부류의 하나로 규정한다. 즉, 뉴라이트는 1960~1970년대 미국 사회에서 전개되었던 진보·개혁적 사회 운동을 혼란으로 규정하고, 이를 이끈 개인과 집단 그리고 민주당 정부를 미국 사회와 미국의 기독교 전통, 정치와 대외 정책에 위험을 초래하는 집단으로 선전하면서 정치 운동을 전개한 것이다.

어느 쪽이든 1960~1970년대 혼란스런 이행기에 대한 일반 대중—닉슨이 '침묵하는 다수(silent majority)'라 명명한—의 불안과 불만에 기초해 성장한 뉴라이트는 뉴딜에 대한 1950년대 보수주의자들의 반동에 이은 또 하나의 반동이다. 공화당은 이 바람을 남부전략의 토대로 삼아 자신들의 정치적 입지를 다지는 데 최대한 활용했다. 그러면서 공화당은 강경한 보수적 정체성을 구축해 나갔고 자신들이 품고 있는 이데올로기의 내용도 그에 맞게 다져 나갔다. 험난했던 이행기를 뜨겁게 달구었던 진보의 열망이 보수 반동을 살찌우는 양식으로 변하고, 이후 공화당 보수주의 헤게모니가 구축되는 자양분이 된 것이야말로 역사의 더 없는 아이러니이다.

6

1980년대
—드디어 정상

로널드 레이건 미국 제40대 대통령(1981~1989).
오늘날 보수 우위의 미국 정치사는 그와 함께 시작된다. 그는 2011년 갤럽 여론 조사에서
역대 가장 위대한 미국의 대통령으로 꼽히기도 했다.

1980년 11월의 대선과 총선. 공화당 후보 레이건, 일반투표에서 51퍼센트의 지지율. 850만 여 표 차이로 당선. 각 주에서 고르게 앞서면서 선거인단 538명 중 489, 압도적 승리. 민주당의 카터는 조지아주, 미네소타주, 로드아일랜드주, 메릴랜드주, 웨스트버지니아주 등 고작 49명. 한편 상원 선거에서도 1955년 이래 25년 만에 공화당의 다수당 승리.

그가 대통령으로 당선되자 한 보수 성향의 매체는 "드디어!(At last!)"라는 단 한 마디를 가장 큰 활자로 1면 표지에 올렸다. 레이건은 자신을 보안관에 비유하면서 미국 사회의 혼란을 정리하고 미국을 부국강병의 자랑스러운 나라로 되돌려 놓겠다고 공약했다. 그는 베트남전쟁을 위대한 행동이었다고 치하했다. 소련은 제거되어야 할 '악마의 제국(evil empire)'이라고 불렀다. 뉴딜의 기초는 파시즘이라고 말했다. 진화론과 함께 창조론도 가르쳐야 한다고 주장했다. 힘을 길러야 평화를 달성할 수 있다고 강조했다. 반면 미국이 앓고 있는 사회 문제에 대해 이야기하지 않았고, 사회적 목표를 위한 공동의 협력에 대해 말하지 않았다. 국가의 한계에 대해서도 말하지 않았다. 그는 군사·무기의 힘, 자본·돈의 힘을 숭상하며 적극적으로 그 논리를 주창했다.

레이건을 '위험한 극우 정치인'이라고 몰아세웠던 민주당은 물론 진보·개혁 진영은 낙담했다. 많은 지식인은 '최악의 사태가 벌어졌다'며 미래를 우려했다. 한 민주당 의원은 "뉴딜은 어제를 기해 사망했다"고 말했다. 또 다른 의원은 "주식 시장이 무너진 것도 아니고 전쟁이 벌어진 것도 아니다. 그런데 카터는 대공황 때의 후버 대통령보다 낮은 표를 얻었다. 도대체 왜 이런 일이 벌어진 것인가"라고 탄식했다. 카터 낙선의 가장 직접적인 이유는 두 자리로 치솟은 인플레이션, 계속되는 석유 위기, 대출 이자율 상승 그리고 테헤란 대사관 인질 사태 등이었다. 경제와 외교 분야에서 방파제가 무너진 듯 문제들이 쏟아져 나왔다. 누가 나서더라도 민주당의 승리는 불가능한 상황이었다.

당연한 결과였지만 레이건 당선의 의미는 간단치 않다. 그것은 한 시대의 막을 내리고, 새로운 시대의 막을 여는 대전환이었다. 1960년대 후반과 1970년대 미국은 험난한 이행기를 겪었다. 1960년대가 전반부라면 닉슨과 카터가 대통령으로 재임했던 1960년대 후반과 1970년대의 10여 년은 거시적 관점에서 이행기 후반부였다. 카터 재임 중에 분출한 여러 문제는 카터의 문제가 아니라 1960년대 이래 축적되어 온 미국의 문제였다. 그것은 뉴딜 체제가 힘을 소진했으나 뒤를 이을 새로운 질서는 아직 만들어지지 않은 공백기, 즉 '대공위 시대(interregnum)'의 혼돈이었다. 1960~1970년대 미국 사회가 겪은 변화의 진통은 이행기의 고난, 그것이었다.

그런 의미에서 레이건의 당선은 정치인 레이건이 아니라 뉴딜 체제가 후퇴하고 보수가 헤게모니를 잡은 새로운 체제를 상징한다. 앞서 한 정치인이 레이건의 당선을 두고 '뉴딜의 사망'이라고 평한 것은 그런 의미이다. 뉴딜의 사망이란 곧 보수 헤게모니의 시작을 의미하며 그 후 지금까지 보수 이데올로기는 미국 사회를 좌우하는 지배적 사조가 되었다. 이는 현실 권력 배치도에서 공화당과 보수가 우위를 차지하는 변화를 지칭하는 것만은 아니다. 예를 들어 대통령이 바뀐다거나 의회나 주지사 선거에서 특정 정당이 우세한 것 등은 중요한 권력 판도의 변화이다. 그러나 더 크고 중요한 것은 보수 세력이 나름의 이론적 틀과 정책 프로그램을 갖추었으며 이후 전개되는 정치, 경제, 사회 등 각 영역에서 이데올로기적 우위를 확보했다는 것을 의미한다. 그리고 언필칭 진보·개혁 세력이라고 자칭하는 민주당도 그 자장에 묶여 있다는 것을 뜻한다.

그 자장은 신보수주의와 신자유주의 이데올로기이다. 앞서 지적했듯 보수주의자들은 이를 뉴딜을 대체하는 이론과 프로그램으로 내세웠고 성공했다. 1980년대 이래 정치와 경제 그리고 사회에 대한 여러 담론은 신보수-신

레이건 대통령과
대처 영국 총리.
1981년 7월,
캐나다 오타와
정상 회담

자유주의 이데올로기의 그물에서 결코 벗어나지 못했고 그 사정은 지금도 여전하다. 1930년대 이후 대략 40여 년 정도 이어 왔던 뉴딜 체제, 즉 사회 민주주의 이념에 기초한 '규제·개입형 복지 사회'가 신보수-신자유주의를 축으로 하는 새로운 체제, 즉 '자유 시장형 도덕 사회'로 대체된 것이다. 여기에 레이건과 같은 시기 영국의 총리를 지낸 마거릿 대처를 함께 병치시키면 그 시대가 어떤 변화를 불러온 때였는지를 더욱 생생하게 실감할 수 있다. 레이건과 대처는 신보수-신자유주의라는 새 이념 체제로 대서양을 가로지르는 것을 넘어 세계를 포획했다. 이것이 레이건과 1980년대의 의미이다.

신보수주의와 신자유주의

둘 다 '신'이라는 수식어가 붙어 있지만, 과장을 무릅쓰면서 아주 단순하게 요약하면, 신보수주의는 과거 냉전 시대 반공주의의 새로운 버전이고, 신자유주의는 자유지상주의를 더욱 확장시킨 이데올로기이다. 신보수주의는 안보·군사·외교 분야에서, 신자유주의는 국내 및 국제 경제 정책에서 지도 이념의 위치를 점하고 있다. 더 적나라하게 말하면, 미국이 군사적 패권을 잡으면 자유와 평화와 발전을 가져다준다고 믿는 것이 신보수주의이고, 국가를 떼어 내면 기업이 경제를 해결할 것이라고 믿는 것이 신자유주의다. 본래 신보수주의가 품고 있던 거창한 도덕 국가적 비전은 다른 보수 사회 운동 단체(예: 복음주의파 교회)의 과제로 넘어갔고 대외 정책의 기본 전략 정도로 위축되었다는 점은 유념해야 할 부분이다. 또 신보수주의가 공화당의 대외 노선으로 알려졌지만 민주당 역시 대외적 강경 노선을 걷는다는 점 역시 유의해야 한다. 같은 맥락에서 외교 정책에 관한 한 신보수주의는 이름만 새로울 뿐, 새로운 주장이라기보다 기왕의 미국이 유지하고 있던 패권적 외교 노선을 더욱 강화한 것이라는 점도 지적되어야 한다.

중요한 것은 오늘날 정치·경제·사회 영역에 대한 사고의 틀은 거의 모두 신보수-신자유주의 이데올로기에 포획되어 있다는 점이다. 신보수-신자유주의는 대외 안보 강경 노선과 자본 논리의 사회화라는 점에서 미국의 민주·공화 양당은 물론, 약간의 시차만 있을 뿐 전 세계로 확산된 정치·경제·사회의 주류 이데올로기이다. 물론 신보수주의는 9·11 테러 이후 거짓과 만용으로 저지른 아프간전쟁과 이라크전쟁의 매서운 후유증으로 논리적·정치적 정당성을 상실했고, 신자유주의 역시 2007~2008년의 금융 재난으로 이론적·현실적 토대는 크게 망가졌다. 그럼에도 신보수주의는 자신의 군사적·경제적 힘을 배경으로 전 세계에 부과하는 미국의 대외 노선이라는 점에서, 신자유주의 역시 미국이 전 세계에 강제하는 정치·경제 논리라는 점에서, 명칭에 대해선 이견이 있겠지만 본질적 차원에서 그들의 이념적 위상은 여전하다.

신보수주의 — 신반공주의

신보수주의는 좁혀 말하면 1980년대 이래 미국의 대외 정책에 붙은 명칭으로 기본 틀은 반공주의와 전혀 다르지 않다. 다만 다른 것은 냉전 시대 반공주의의 주 타격 대상이었던 소련이 예상 외로 빠르게 해체된 이후, 반공주의라는 용어만 뺀 것일 뿐, 원래 미국이 유지해 왔던 안보 강경론과 사실상 차이는 없다. 반공주의를 잇는 대외 노선으로서의 신보수주의 담론은 시기적으로는 1970년대 카터 정부 시절부터 시작되었다. 카터는 인권과 민주주의를 기준으로 하는 외교 정책을 세웠으나 현실의 국제 정치는 그것과는 관계없는 곳이었다. 카터의 대외 정책에 이중 노선이라는 비판을 제기하면서 나타난 주장이 인권과 민주주의에 관계없이 적과 동지를 구분, 미국의 이익에 충실한 강경 외교 노선을 추구하는 신보수주의이다.

신보수주의 이론가의 대표적인 인물 중 하나는 레이건 행정부에서 유엔 대사를 맡은 진 커크패트릭Jeane Kirkpatrick이다. 그는 본래 민주당 출신이지만 철저한 반공주의자로, 1972년 G. 맥거번 민주당 대선 후보의 베트남전 반대 노선에 반대했고, 카터의 외교 정책에 대해서도 이중적이라며 공개적으로 비판했다. 이후 공화당으로 이적, 레이건의 외교 자문 역으로 함께 일하게 된다. 그가 내세운 논리는 '독재 정부라도 미국과 함께 이익을 도모할 수 있는 우파라면 지원한다'는 것이다. 왜? '우파 독재가 좌파 독재보다는 (미국식) 민주화 가능성이 높기 때문'이다. 이런 논리가 신보수주의의 핵심 요체이다. 앞서도 언급했듯 새로운 질서가 아니라 탈냉전 시대이니만큼 반공이라는 옛 명칭만 지워 버린, 적 아니면 동지라는 이분법은 여전한 이념이다. 탈냉전 시대에도 여전히 냉전적 사고방식이 이어지는 것이고, 실제 신보수주의의 이데올로기적 흐름은 본질에서 벗어나지 않았다.

2001년 9·11 테러 이후 이러한 사고는 더욱 강화된다. 9·11 테러 사태는 전과 다름없이 적대적 강경 정책을 기조로 하는 신보수주의 노선이 더욱 힘을 얻는, 적절한 시기에 터진 매우 적절한(?) 사건이었다. '악마의 제국-소련' 대신에 '악의 축-이슬람 테러'라는 적이 고맙게도(?) 새롭게 등장한 것이다. 그리고 이는 부시 독트린, 즉 '선제 공격(preemptive strike)'을 통해 적을 제압하고, 나아가 '체제 교체·정권 교체(regime change)'를 꾀하는 신보수주의 정책 논리의 근거가 되었다. 자본주의 체제 수호, 미국의 강화, 미국의 적해체 등등의 이념에 기초해, 신보수주의자들은 강한 미국의 건설, 즉 봉쇄(containment), 경제 제재(sanction), 압력(pressure)과 같은 온건한 또는 수세적인 노선이 아니라 강경한 개입 정책을 통해 상대를 제압하는 패권적 세계 질서 체제 수립의 필요성을 강조했다.

그러나 신보수주의이든 아니든, 생각해 보면 건국 이래 미국의 외교 정책은 항상 민주주의의 세계적 확대와 국가 안보라는 명분을 지참하고 있었다. 최근의 우크라이나 사태도 여기에서 크게 벗어나지 않는다. 아닌 게 아니라 제국 아메리카의 꿈 또는 미국식 민주주의의 세계화는 신보수주의자들이 고안해 낸 새로운 아이디어가 아니라 미국 외교 정책의 고정된 상수였다. 세계 정부로서 제국 아메리카는 미국 보수주의자들이 가진 큰 꿈이었다. 특히 냉전이 끝나고 그 꿈은 '월포위츠 독트린(Wolfwitz doctrine)'으로 더욱 노골화되었다. 월포위츠는 1992년 아버지 부시의 대통령 시절 국방부 차관보를 지낸 폴 월포위츠Paul Wolfwitz를 말한다. 그는 냉전 이후 미국의 기본적 국제 전략 틀을 담은 보고서—정식 명칭은 '1992 국방전략 지침(Defense Planning guidance of 1992)'를 작성했다. 요약하면 필요하다면 무력을 써서라도 그 누구의 도전도 용납하지 않는, 세계를 통괄하는 유일 제국으로 미국이 우뚝 서야 한다는 것이었다. 심지어 대영제국의 세계 전략보다 더 야심적이라는 칭찬 아닌 칭찬까지 받은 보고서였다. 이 때문에 온갖 비난을 불러일으키면서 최종 보고서는 범위와 정도가 크게 축소되었지만, 그 같은 취지의 미국의 거대 전략 만큼은 그때도 지금도, 대통령이 바뀌어도, 달라지지 않았다.

안보 강경론자들은 일찍이 핵무기를 사용하는 제3차 세계대전을 통해서라도 소련이라는 공산주의 제국을 무너뜨리고 미국이라는 '착한 제국(good empire)'을 세우는 것이 세계를 공산주의의 위협으로부터 구하는 길이라고 주장했다. 냉전이 종식되었는데도 그것이 테러와의 전쟁이라는 또 다른 긴 전쟁으로 이어진 것, 나아가 공화당이든 민주당이든 패권적 외교 노선이 오늘날까지도 달라지지 않는 것은 미국 우선주의 이데올로기가 이름만 달라진 채 변함없이 이어지고 있기 때문이다.

신자유주의 — 신자유지상주의

신자유주의는 자유지상주의의 새로운 버전이다. 신자유주의의 핵심 주장은 앞서 정리했듯 작은 정부론, 감세 성장론, 탈규제론 등이다. 더 쉽게 말하면 정부의 정책이든 조직의 업무든 거의 모든 것을 시장에 맡기거나 시장논리에 맞추어 재구성해야 한다는 논리이다. 그들의 주장에 따르면 지금까지의 정치는 세금과 규제를 통해 자유로워야 할 기업을 착취하는 행위이다. 정부가 하는 일은 관료들이 국민을 억압하는 것이고, 공공의 이익이란 진보·개혁주의자들이 만들어 낸 허상이라는 것이다. 작은 정부론은 이런 생각을 담고 있는 가장 대표적인 주장이다. 작은 정부론은 사회·경제 분야에서 정부 역할의 크기 또는 범위를 줄이는 것이다. 예를 들면 복지 정책을 확대하면 복지병이 늘어나고, 규제를 확대하면 관료들의 특혜와 뇌물 등 부패로 이어지기 때문에 작은 정부를 지향해야 한다는 것이다. 또 시장은 자연의 질서에 맞는 유기적 조직체이지만, 정부는 계급적 이해관계에 따라 만들어진 인위적 조직이라는 것이다.

여기에서 '그럼 신자유주의자들은 어떤 국가/정부를 원하는가', '그들은 국가/정부를 아예 부정하는가'라는 질문이 생긴다. 그들의 답은 '국가/정부를 부정하는 것이 아니라 최소화된 국가를 원한다'는 것이다. 최소화된 국가란 치안 정도만을 담당하는 '야경국가(night-watch state)'라는 소극적 의미를 넘어, 시장 또는 기업 나아가 사회 분야에서 정부의 흔적, 즉 규제를 최소화하는 것 그리고 국가/정부에도 최대한의 시장 또는 기업의 운용 원리를 도입하는 적극적인 기업국가/기업정부화를 의미한다. 여기에는 시장의 자동 조절 기능 논리에 기초한, 기업이 항상 정부보다 효과적이고 효율적이라는 믿음이 자리 잡고 있다. 탈규제의 논리 역시 같은 맥락에서 작동한다. 첫째, 특정한 규제나 지원을 목적으로 시행하는 정부의 개입은 잘못되거나 예기치 못한 결과가 나타나기 때문에 효과가 없다. 둘째, 정부의 개입은 정부에 대한 과잉 기대를 불러일으킬 뿐 아니라 정치적 처방을 동원하려는 태도를 조장하고, 한편 기대만큼의 효과가 없을 때 정국의 불안정을 가져온다. 셋째, 정부의 개입은 통제와 권위의 중앙 집중을 가져오면서 사회를 전체주의적 노예 체제로 이끈다. 넷째, 정부의 개입은 사유 재산의 침해를 가져오기 때문에 자유와 민주주의의 적, 나아가 문명의 적으로까지 이어지게 된다는 것이다.

여기에서 각별히 유의할 것은 국가 또는 정부 최소주의에서 '최소'는 비유적 의미일 뿐 실제는 정부의 역할 변경이라는 점이다. 이전까지 자본 규제자였던 정부는 규제의 기능을 삭제하거나 민간에게 넘기는, 달리 말해 '자본 도우미'로 기능해야 한다는 의미이다. 자본이 권력의 전면으로 나선 신자유주의 체제에서 국가는 후방에 자리 잡는다. 자본의 이익 추구에 방해되는 요소—예를 들면 노동조합—는 최대한 배제되어야 하고, 국가는 바로 이 과제를 수행하는 자본 도우미로 그 역할이 재조정되는 것이다. 이러한 주장을 담고 있는 신자유주의는 사실 이전의 자유지상주의와 근본 내용에서 다르지 않고 다만 새로운 이름을 붙인 것에 지나지 않는다.

그러면 신자유주의가 굳건하게 자리 잡은 배경은 무엇일까? 바로 1960년대 말부터 1970년대에 이르는 이행기에 벌어진 뉴딜 체제의 쇠퇴다. 당시 인플레이션과 실업이 동반된 스태그플레이션이 미국은 물론 세계를 뒤덮으면서 자본주의 체제는 위기로 치닫고 있었다. 2차 대전 이후 구축되었던 뉴딜 체제의 전면적 위기가 도래했다. 그러나 베트남전쟁과 워터게이트 사건 등으로 이미 신뢰에 금이 간 정부는 내실 있는 정책 도구를 제시할 수 없었다. 문제 해결의 방안을 정부-국가에서 찾기는 어려워졌다. 결국 자본-시장이 대안으로 등장했다. 그 논리적 바탕이 '시장 만능-신자유주의' 이데올로기이며 정책 도구로서의 공급경제학이다. 그리고 이들이 제시한 정책 방안을 가장 앞장서 실천한 정치 지도자가 1980년대 미국의 레이건이다.

레이건 신화

레이건은 새로운 삶을 기약했다. '레이건 데모크랫Reagan Democrats'이라는 말이 있을 정도로 민주당 지지자 또는 민주당원 사이에서도 레이건에 대한 기대와 지지가 높았다. 그는 작은 정부, 감세 성장, 탈규제, 안보 강경 노선, 전통적 가족 윤리와 사회도덕을 공약으로 내세웠다.

그는 임기 8년 동안 엄청난 정치적 성공을 거두었다. 그것은 한 개인의 정치적 성공 정도가 아니라 미국 보수의 강력한 기초를 닦는 계기이기도 했다.

많은 사람은 레이건의 성공—2021년 케이블 공영 방송사 C-SPAN에서 실시한 역대 미국 대통령 평가 조사에서 레이건은 J. F. 케네디에 이어 9위를 차지했다. 1위는 링컨, 2위는 워싱턴, 3위는 루스벨트—을 단순하지만 강력한 그의 이념과 그 이념을 적시 적소에서 명료하고 이해하기 쉽게 전달할 줄 아는 대국민 소통 능력으로 설명한다. "다른 것이 아니라 정부가 문제의 본질이다"라는 그의 유명한 발언은 레이건이 내세우는 철학의 핵심을 간결하게 축약한 것이다.

그러나 실제 레이건의 8년 재임 기간은 계속되는 예산 적자, 천문학적 국가 채무, 대對이란 불법 무기 판매 문제, 중남미 콘트라 스캔들, 미국 행정부 역대 최악이라는 각급 정부 기관의 부패와 독직 사건, 저축·대부 은행 파산 사태, 주식 시장 붕괴 등등으로 점철되어 있다. 경제 역시 전반적으로는 좋지 않았다. 1983년경부터 시작된 경기 회복도 한 차례의 기적 같은 것이었다고 지적하는 학자도 있다. 감세부터 시작해 낮은 인플레율, 석유 수출국 카르텔의 붕괴와 원유 공급 증가로 인한 유가 하락, 저금리와 유동성 증가 등의 요인들에 힘입어 경기는 회복되었지만 그 혜택은 부자에게만 돌아갔을 뿐 대부분의 미국인에게 별다른 이익은 없었다는 것이다. 중산층의 소득 수준은 10년 전보다 나아지지 않았고, 빈곤층은 오히려 확대되었다. 한 차례의 경기 회복은 곧 경기 후퇴로 이어졌다.

국가 예산의 낭비와 부패, 경제 불평등의 확대로 요약할 수 있는 레이건의 시대는, 그런데도 미국민에게 '행복한 느낌의 시대'로 기억되고 있다. 왜 그럴까? 경제학자 폴 크루그먼Paul Krugma에 따르면 그것은 무엇보다 그 시대 경기가 좋았다는 기억에서 비롯된다.[53] 그러나 바로 그 경제 문제 때문에 레이

---

53 P. Krugman, *The conscience of a liberal* (NY: WW Norton, 2007).

건은 재선을 포기할 생각까지 했었다. 단도직입적으로 말해 레이건의 정치적 성공, 나아가 그가 만들고 유포한 새로운 미국에의 희망은 많은 경우 미디어를 통해 전달되고 확산된, 신화에 가까운 이야기이다. 시드니 블루멘털Sidney Blumenthal은 1986년에 출간한 그의 책『The rise of the counter-establishment』에서, 강준만 교수는 1989년에 출간한『대통령과 여론조작』이라는 책에서 레이건 시대의 허상과 실상을 자세하게 정리한 바 있다.[54] 취임식에 맞춘 이란 미 대사관 인질 석방이라는 이벤트로 시작된 그의 8년 임기는 사실 신화로 버무려진 시대라고 해도 틀리진 않는다.

신화는 없다 1 — 고르바초프와 냉전의 종식

레이건은 2004년 6월, 93세를 일기로 사망했다. 삶의 마지막 10여 년, 그는 치매로 힘든 시간을 보냈다. 저명한 시사 주간지《이코노미스트The Economist》는 '공산주의를 무너뜨린 사람'이라는 커버스토리로 그에게 조의를 표했다. 냉전 종식은 두말할 필요 없는 레이건의 업적이다. 이후 전개된

---

54 S. Blumenthal, *The rise of the counter-establishment* (NY: Harper & Row, 1986). 강준만,『대통령과 여론조작』(태암, 1989). 블루멘털이 말한 'counter-establishment'란 그가 liberal establishment라고 부른 뉴딜 체제에 도전하는 집단이라는 의미에서 쓴 용어이다. 한편 레이건은 실체를 알 수 없는 이중적 인간이라는 평가도 있다. 가족의 중요성을 항상 강조했지만, 실제 그의 가족은 사실상 해체된 것이나 마찬가지였다. 세금을 아껴야 한다면서도 정부의 예산 적자를 눈덩이처럼 불려 갔다. 개인적으로는 핵무기를 싫어하면서도 가장 많은 핵무기를 만들기도 했고, 가난한 이들에게 후한 적선을 하면서도 정작 정부의 복지 예산은 무차별적으로 삭감했다. 이런 레이건의 모순을 그의 배우 경력과 연관지어 설명하는 사람도 있다. 즉, 배우로서의 자신과 실제 자신과의 모순을 그다지 괘념치 않는 측면이 레이건에게 있다는 것이다.

소련의 해체는 공산주의 체제가 무너진 것이니 레이건을 일러 '공산주의를 무너뜨린 사람'이라 부르는 것에 이의를 달기는 어렵다. 그러나 이는 절반 정도의 진실이다.

잘 알려져 있다시피 레이건은 철저한 반공주의자이다. 젊은 시절 그는 민주당원이었으며 또 할리우드 영화배우 노조를 이끌기도 했다. 그러던 중 다른 노조와 갈등이 빚어지고 그로 인해 개인적 비난과 협박을 받자 노동조합 운동과 노조 지도부에 반감을 갖게 되었다. 이런 배경에서 FBI 정보원 노릇을 하는 한편, 반공주의 논리를 키워 간 것으로 알려지고 있다. 또 그것이 레이건으로 하여금 2차 대전 이후 미국이 겪은 수많은 문제의 배후에 소련의 야만적 지도자들이 있다고 믿게끔 한 발단이었다.

그런데 세월이 흘러 대통령 자리에 오른 후, 결과적으로 곤경에서 그를 구해 준 사람은 소련의 지도자 미하일 고르바초프Mikhail Gorbachev였다. 레이건의 두 번째 임기의 시작은 1985년, 고르바초프 소련 공산당 서기장의 임기 역시 그해에 시작된다. 두 사람은 이후 제네바를 시작으로 1986년 레이캬비크, 1987년 워싱턴, 1988년 모스크바에서 매년 정상 회담을 가진다. 회담의

1985년 11월 19일,
스위스 제네바에서 열린
고르바초프-레이건
제1차 정상 회담.

핵심 주제는 군비와 핵무기 감축이었다. 기억해야 할 것은 정상 회담을 주도적으로 이끌어 낸 사람은 레이건이 아니라 고르바초프라는 점이다.[55]

고르바초프는 소련의 경제 발전을 목표로 개혁과 개방의 기치 아래 기존의 계획경제 체제를 개편하고 서방과의 관계를 정상화하는 일명 페레스트로이카(재구조화)와 개방적 사회로 나아가기 위해 사회적·정치적 규제를 완화하는 일명 글라스노스트(개방)를 적극적으로 추진해 나갔다. 이를 위한 필수적 선결 과제가 미·소 간의 적대적 관계 해소라고 생각한 고르바초프는 주도적으로 나섰다. 레이건은 이에 적극적으로 화답했다. 두 정상은 계속된 회담을 통해 핵무기 감축과 소련의 아프간 철수를 요체로 하는 외교적 성과를 이룩했고 이는 결국 냉전 체제의 종식으로 나아가는 아주 중요한 조처들이 되었다.

사실 레이건은 그의 두 번째 임기에 접어들면서 대이란 비밀 무기 판매 스캔들, 주식 시장 대폭락, 백악관과 CIA부터 국방부·법무부·환경청·노동부 등등의 장관과 대통령 보좌관을 비롯한 고위 관료들의 독직과 부패 사건 등으로 위기를 맞았다. 언론인 J. 레스턴은 이즈음의 레이건 행정부를 일러 '지난 6년여 빚내서 거들먹거리고, 사기 치면서 살아온 집단'이라고 강하게 비판한 바 있다. 당시 민주당에서는 대이란 무기 판매 스캔들과 관련, 1987년 레이건의 탄핵을 추진하기도 했었다. 탄핵 문제는 그해 내내 워싱턴 정가를 달궜다. 많은 사람이 그의 레임덕 시기에 벌어질 사태를 우려하고 있었다.

그사이 1985년부터 진행된 고르바초프와의 정상 외교가 매머드급의 성과를 낸 것이다. 1987년 6월, 레이건은 베를린 장벽 앞에서 "고르바초프 대통령, 이 장벽을 철거하시오!"라는 구호를 외쳤다. 그 후 1989년 11월, 통행 자

---

55 이삼성, 앞의 책.

유화가 선포되면서 국경으로서의 장벽은 무너졌고, 실제 철거는 1990년 6월부터 그해 12월까지 진행되었다. 냉전 시대의 종식을 고하는 생생한 현장이었다. 한편 1988년에는 이미 10여 년 가까이 '소련의 베트남'이라고 불렸던 아프간에서 소련군이 철수하기 시작했다. 이렇게 해서 레이건은 냉전 종식의 새 역사를 쓴 주역으로 치켜세워졌다. 그러나 그것을 가능케 한 소련과 동유럽 국가들의 급진적 변화는 고르바초프가 이끌어 낸 것이었다. 레이건을 냉전 종식의 영웅으로 찬양하는 논리는 '체제 경쟁으로 소련을 끌어들여 소련의 역량을 탕진케 했고 그것 때문에 결국 소련이 항복했다'는 것이다. 이는 역사의 진실을 무시한 냉전주의자들의 과장과 왜곡이다.

레이건은 소련을 '악의 제국'이라 부를 만큼 반공주의자인 데다 '우주 전쟁 전략(SDI: Strategic Defense Initiative)'을 구상할 정도의 모험주의자였다. 그러나 동시에 그는 현실을 읽을 줄 아는 실용적 정치인이었다. 당시 미국에 레이건이 있었다면 소련에는 고르바초프라는 걸출한 리더가 있었다. 레이건은 1988년 모스크바 정상 회담 직후 기자 회견에서 '역사적 변화는 그가 만들어 낸 것'이라며 고르바초프에게 아낌없는 찬사를 보냈다. 냉전을 종식시킨 위대한 업적으로 레이건이 8년 임기를 마칠 수 있었던 것은 고르바초프의 노력이 가장 큰 요인이었다.

신화는 없다 2 — 헛된 공약들

레이건은 1980년의 선거 공약으로 크게 네 가지를 내세웠다. 첫째, 큰 정부가 미국의 부담이다. 따라서 작은 정부로 바꾸어야 한다. 둘째, 국방 부분은 여기에서 예외이다. 따라서 무제한으로 지원해야 한다. 셋째, 공산주의를 궤멸시키는 것이 외교 정책의 핵심이다. 넷째, 세금 감면은 미국민들을 부유하게 해 줄 뿐 아니라 국가 적자를 해소하는 방안이다.

자신의 공약을 실천하는 데 일분일초를 아끼지 않았던 레이건은 복지 수혜자들, 환경 운동가들을 국가를 좀먹는 요소들이라며 노골적으로 비난했다. 시민권 침해를 방지하는 인권 기구나 인종·성별 간 취업 차별 문제를 담당하는 기구, 환경 규제 기구나 노동 문제 부처에 전혀 반대의 생각을 하는 사람들을 배치했다. 이들 기구는 점차 유명무실해졌다. 복지 제도의 핵심인 식비 및 가족 생계비 지원 프로그램을 대폭 축소했을 뿐 아니라 지원금의 액수 자체도 줄였다. 재취업 훈련 기관을 구조 조정, 사실상 이름뿐인 기구로 만들어버렸다. 환경법 위반 사례를 적발하고도 해당 기업 처벌을 유예하는가 하면, 탄광업자나 석유업자 들에게 사실상 무제한의 채굴권을 부여했다. 사회에 대한 공공의 책임자로서의 정부가 해체되는 듯한 양상이었다.

대신 들어선 것은 기업과 부유층을 돌보는 책임자로서의 정부였다. 논리는 최소한의 정부가 가장 좋은 정부이며 민간에 경제 권력을 넘겨주는 것이 부의 창출과 성장을 보장하는 가장 좋은 방법이라는 것이었다. 기업과 부유층에게는 수천억 불에 달하는 세금 감면 조처를 시행했고, 그 때문에 줄어든 예산을 맞추느라 복지 지출은 축소되었다. 논리는 간단했다. 부자들에게 세금을 걷지 않고 돈을 돌려주면 그것이 가난한 사람들에게 혜택으로 돌아갈 것이라는 소위 '적하효과(trickle-down effect)' 이론이었다. 그러면서도 국방 예산에는 이전보다 40퍼센트가 늘어난 1조 달러가 넘는 돈을 배정했다. 예산 적자는 가파르게 늘어났다. 레이건의 참모들은 이것이 어떤 결과를 가져올지 어렴풋이 짐작은 하고 있었지만, 대통령의 신앙에 시비를 걸 수는 없었다.

1980년 레이건과 후보 지명전에서 맞섰던 아버지 부시는 그의 경제 정책을 '사기와 환상의 경제학(voodoo theory of economics)'이라고 불렀다. 즉, 잘못된 정책을 펴면서 경제가 잘될 것이라고 주장했다는 이야기이다. 1980년 카터가 남긴 국가 채무는 8,000억 달러 정도였다. 그랬던 것이 레이건 1기 이후 1조 4천억, 2기 이후에는 3조 달러를 상회하는 규모로 커졌다. 이 때문에 레이건은 거의 매년 세금을 올릴 수밖에 없었다. 예산 적자나 국가 채무의 증대가 반드시 부정적인 것만은 아니지만 중요한 것은 국가 채무나 예산 적자가 왜 일어났는가, 그리고 예산과 채무를 어디에 어떻게 썼느냐이다. 예를 들어 세금 감면으로 적자를 내는 것과 기반 시설에 투자해 채무가 늘어나는 것은 전혀 다른 것이다. 레이건의 적자는 군사비 증가와 세금 감면으로 발생한 것이다. 즉, 낭비의 적자였다는 뜻이다. 결국 미국은 빚을 내야 했다. 그러자니 예금 이자를 올려 줘야 했고 외국 자본이 밀려들면서 달러화의 가치가 올라갔다. 수입은 늘어났고 수출은 줄어들었다. 1980년 세계 최고의 은행이었던 미국은 1987년이 되자 세계 최고의 빚쟁이가 되었다. 무역 역조와 환율 때문에 기업들은 값싼 노동력을 찾아 해외로 공장을 옮기기 시작했다.

미국의 직업 구조가 크게 바뀌기 시작했다. 높은 임금을 받던 제조업 분야의 일자리는 외국으로 사라지기 시작했다. 대신 서비스 산업의 일자리는 늘어났다. 그러나 늘어난 서비스 분야의 일자리는 대부분 저급한 일감에 임금이 낮은 것들뿐이었다. 결과는 불평등의 사회, 격차의 사회였다. 1950년대 미국 사회 상위 4퍼센트의 소득 총합은 하위 35퍼센트, 1970년대는 하위 38퍼센트의 소득 총합과 맞먹었다. 적어도 그 20여 년 동안 경제 불평등의 문제가 악화되지는 않은 셈이다. 그러나 레이건 퇴임 직후인 1989년 그 격차는 하늘로 치솟아 미국 사회 상위 4퍼센트의 소득은 하위 51퍼센트의 소득을 다 합한 것과 같아졌다. 쉽게 말하면 레이건 시대는 미국의 빈부 격차가 본격적으로 심각해지기 시작한 출발선이다. 흑인과 라티노 빈곤층은 더욱 늘어났고 이들 중에서 여성이 가장인 세대가 절반 이상을 차지했다. 대도시 지역의 고등학교 중퇴자 비율이 50퍼센트를 넘기 시작했다. 거의 모든 도시 지역에서 홈리스들이 폭발적으로 늘어났다. 수십만 명의 사람이 자식들과 함께 거리에서 살아가기 시작했다. 실업률은 대공황 이후 최고로 치솟았고, 마약과 범죄는 일상이 되었다. 레이건은 그러나 이들이 정서 불안자일 뿐 큰 문제는 아니라고 말했다.

신화는 없다 3 — 테헤란 미 대사관 인질 사태

테헤란 미 대사관 인질 사태는 기실 레이건 당선의 혁혁한 공로자(?)라고도 할 수 있다. 사건의 경과는 이렇다. 1979년 1월 국민적 저항으로 이란 팔레비 왕정 붕괴, 국왕 미국 망명. 4월 이란 공화국 수립. 11월 4일 국왕의 송환을 요구하는 시위대의 테헤란 미 대사관 앞 연좌시위, 3시간여 대치, 일군의 대학생들 미국 대사관 진입·점거 및 직원·경비병·외교관 등 100명 인질로 억류. 대사관 점거 및 인질 사태 시작. 이후 1981년 1월 21일까지 인질 사태는 무려 444일 동안 지속.

인질 사태 6개월째인 1980년 4월 24일 새벽, 이란 남부 코라산 사막. '데저트 원'이라고 이름 붙인 미국의 인질 구출 비밀 군사 작전 시행 중 헬기와 수송기가 충돌. 8명의 군인 사망, 수십 명 부상. 미군 비밀 작전 무참하게 실패. 작전을 승인한 카터 대통령 국내외적 망신. 이란의 입장, 더욱 강경해짐. 이후에도 인질 석방 노력은 계속되었고, 10월 석방이 임박했다는 기사가 언론에 보도됨. 11월 대선에서 카터 낙선. 선거 직후 미국과 이란 인질 석방 협상 재개. 이란, 석방 합의 몇 차례 번복.

1981년 1월 21일 오전, 워싱턴 D.C. 겨울치고는 매우 따뜻한 날씨. 레이건 제40대 미국 대통령 취임식. 이어진 취임식 오찬장에서 레이건 인질 석방 뉴스 전격 발표. 미 대사관 직원과 외교관들 서독 베를린 미군 기지행. 이틀 전, 알제리의 중재로 미국과 이란 인질 협상 종료. 석방 직후 미국은 80억 달러에 달하는 이란 자산 동결 조치 해제. 레이건 대통령 미국의 영웅으로 등극. 천문학적인 정치 효과.

화려한 석방 이벤트의 한편으로 미국과 이란이 카터 재임 중인 12월 석방에 최종 합의했었으나 레이건 취임 직후로 석방이 지연되었다는 뉴스. 그 이유와 배경에 대한 두 가지의 해설. 첫째는 레이건 설. 레이건 인수위에서 취임식 날짜에 맞춰줄 것을 이란에 요청했다는 설. 둘째는 이란 설. 팔레비의 망명을 받아 준 카터에 대한 반발심으로 이란은 석방이라는 정치적 승리를 그에게 안겨 주고 싶지 않았다는 것.

어느 쪽이든 테헤란 대사관 점거 및 인질 사태는 국내외적으로 엄청난 파장을 불러일으켰다. 이란과 미국은 사태 이후 적대적 관계로 돌아섰고, 이 관계는 지금까지도 크게 달라지지 않고 있다. 인질 사태는 미국 정치의 흐름을 결정적으로 바꾸었다. 그것은 카터 낙선의 직접적 원인 중 하나였고, 레이건의 입장에서는 더 이상 바랄 수 없는 정치적 호재가 되었다. 만약 애초의 협상대로 11월 선거 이전에 석방이 공표되고 12월에 석방되었다면 선거 결과를 장담할 수 없었을 것이고, 설령 레이건이 당선되었더라도 그의 출발은 이전의 취임식과 크게 다르지 않은 보통의 정치 행사로 마무리되었을 공산이 크다. 그리고 비록 낙선했지만 영광은 카터에게 돌아갔을 것이다.

신화는 없다 4 — 니카라과 우익 게릴라 지원

1986년 베이루트의 한 신문은 미국과 이란이 비밀리에 무기 거래를 했다고 보도했다. 레이건 시대 최고의 추문인 이란-콘트라 스캔들의 시작이었다. 이후 사건은 걷잡을 수 없이 커졌다. 의회 청문회가 열리고 위원회가 구성되어 조사에 들어갔다. 레이건은 여러 차례의 거짓말로 사태를 마무리 짓고자 했다. 이스라엘은 관여하지 않았다고 했다가 사실이라고 했고, 호메이니 Khomeini의 이란 혁명 정부를 견제하기 위해 온건파와 접촉을 한 것이라고 했다가 결국 '대이란 무기 판매-테헤란 인질 석방-니카라과 콘트라 지원'이라는 사건의 대체적인 진상이 드러나게 되었다.[56]

사태의 시작은 '콘트라(contra: 스페인어 la contra, 즉 반혁명counter-revolution)'로 알려진 니카라과 우익 게릴라에게 자금을 지원하기 위해 비밀리에 집행

---

56 '10월의 경악(October surprise)'이라 불리는 대이란 무기 판매 비밀 거래 내용을 요약하면, 1980년 대선에 출마한 레이건-부시 공화당 후보 측이 이란과 비밀 협상을 벌여, 지금 인질을 석방하지 말고 자신들의 당선 이후로 석방 시기를 연기해 준다면 이란에 무기를 제공해 주겠다는 비밀 거래를 성사시켰다는 것이다. 이것 때문인지는 확인할 수 없지만 인질들은 레이건 취임식 당일, 억류 444일 만에 풀려났다. 10월의 경악설에 신빙성을 부여해 주는 사태 전개이다. 대이란 무기 판매와 연관된 또 다른 사건은 1985년 6월 이슬람 무장 투쟁 단체인 헤즈볼라가 아테네를 출발, 로마로 비행하던 여객기를 베이루트공항으로 납치하면서 벌인 39명의 인질 사태이다. 이스라엘이 사태 해결의 중재자로 나섰고 여기에 협상 카드로 등장한 것 중 하나가 이란에 대한 미제 무기 판매 허용이다. 그리고 여기에서 나온 수익금의 일부를 콘트라에 지원한 것이 인질-무기-콘트라 스캔들의 윤곽이다. 인질 사건은 신속하게 해결되었고 그 직후부터 미국의 대이란 무기 수출 역시 신속하게 그리고 지속적으로 이루어졌다. 이 같은 대이란 무기 불법·비밀 거래가 1986년 11월 언론 보도를 통해 비로소 공개된 것이다. 이로 인해 레이건 행정부는 워터게이트 사건에 버금가는 비난을 받으면서 탄핵까지도 거론되었다. 이후 추락한 레이건의 신뢰는 결코 회복되지 못했다. 한편 확인할 수는 없지만 이 이전부터도 레이건 행정부는 이란에 대량의 무기를 비밀리에 판매해 왔고 여기에 이스라엘이 중간 역할을 했던 것으로도 알려져 있다.

한 무기 거래였다. 당시 니카라과는 산디니스타Sandinista 혁명으로 좌익 정
부가 집권하고 있었고 미국의 냉전적 중남미 정책은 그것을 용납할 수 없었
다. 문제는 콘트라에 대한 지원 방법이었다. 레이건 정부의 아이디어는 당시
이라크와 전쟁을 벌이고 있던 이란에 미제 무기를 팔아 남는 돈으로 우익 게
릴라를 지원한다는 것이었다. 대이란 무기 판매의 중간 거래는 이스라엘이
맡았다. 불법이었으나 레이건은 개의치 않았다. 반공주의는 모든 것을 용서
하는 마술이었다. 게릴라 전쟁의 대상은 니카라과뿐만이 아니었다. 엘살바도
르에도 레이건 정부는 엄청난 군사·경제 원조를 제공했다.[57] 유엔 보고서는
1979년부터 1992년까지 이어진 엘살바도르 내전에서 7만 5천 명이 살해됐
고, 셀 수 없이 많은 실종자가 발생했다고 기록하고 있다. 영화 〈살바도르〉나
〈로메로〉는 당시의 비극을 증언하는 기록이다.

　스캔들의 저변에는 소련이 중남미 국가를 지원하고 있다는 레이건 행정부
의 근거 없는 믿음이 놓여 있다. 의회가 조사를 벌였지만 형식적이었고 바로

---

57 중남미에 대한 미국의 군사 개입 역사는 100여 년이 훨씬 넘는다. 속칭 '바나나 전쟁
(Banana Wars)'이라고 불리는 미국의 중남미 개입은 1898년 멕시코, 쿠바, 아이티, 파
나마, 니카라과, 온두라스 등에 걸친 광범위한 전쟁으로부터 시작되었고 1934년 F. 루스
벨트의 지시로 미군이 철수하면서 종료되었다. 그때 야전 사령관의 한 사람이었던 해병 중
장 S. 버틀러(1881~1940)는 후에 자신을 일러 '자본가들의 용역 폭력배(gangster for
capitalism)'라고 불렀다. 자신의 나이를 속여가면서 일찍 군인의 길을 걸었던 버틀러는 바
나나 전쟁을 포함해 1차 대전과 중국 등지에서 자신이 수행했던 수많은 전쟁이 정치는 물
론 기업의 이익 보전을 위한 작업이었음을 털어놓은 것이다. 이 발언 후 버틀러는 현역에서
사실상 강제 은퇴 당했고, 이후 미국의 대외 개입 정책에 반대하는 행보를 계속하면서 상
원 선거에 출마하기도 했다. 그 이후에도 미국은 남미에 지속적으로 개입했다. 1950년대
CIA가 지원한 과테말라 우익 쿠데타는 1960년대 내전으로 이어졌고 그 과정에서 무수한
사람이 학살 또는 실종되었다. 1973년 칠레의 피노체트 쿠데타 역시 미국 CIA의 작품이
다. 19세기의 먼로 독트린 이래 미국은 남미를 자신의 뒷마당으로 여긴다. 따라서 반미 좌
파 세력은 용납될 수 없는 곳이다.

옆방에서 수사가 진행 중임에도 사무실 다른 쪽에서는 관련자들이 핵심 자료와 증거를 파기하고 있었다. 파기한 자료 중에 스캔들과 레이건을 연결할 수 있는 직접 증거가 포함되어 있는지는 알 수 없지만, 조사 보고서에 따르면 더욱 놀라운 것은 이 스캔들을 레이건이 대체로 모르고 있었다는 사실이다. 실무 작전을 지휘한 정보 기관이나 백악관의 간부들은 청문회에서 "내가 하는 일은 대통령이 원하는 일이다. 그러나 대통령은 구체적인 것에 대해서는 몰라야 한다. 왜? 그래야 나중에 대통령이 책임을 회피할 수 있기 때문이다"라고 답변했다. 또 한 실무 책임자는 "이 작전은 충분히 신뢰할 만하며 잘못될 수가 없다. 왜? 나 같은 애국자가 이 작전을 지휘하고 있기 때문이다"라고 답하기도 했다.

레이건이 이를 몰랐다면 그는 백악관의 허수아비거나, 반대로 알면서도 묵인했다면 이는 명백한 위법 행위이다. 그럼에도 레이건은 질문에 답변하지 않았다. 스캔들은 사실이 아니라고만 강조할 뿐이었다. 그러다 증거가 드러나면서 도저히 피할 수 없는 궁지에 몰리자 사과하면서 모든 것은 자기 부하들이 가진 애국심에서 비롯된 것이라며 사건을 무마하려 했다. 또 문제의 초점을 인질-무기 거래, 즉 테러리스트와는 거래하지 않는다는 원칙과 법을 어긴 것에서 우익 콘트라 지원 쪽으로 돌리면서 반공주의 미국의 여론에 호소했다. 이렇게 해서 이란-콘트라 스캔들은 넘어갔다.

레이건 치세의 의미

냉정히 되돌아볼 때 레이건의 성공은 신화이다. 실체가 없는 신기루라면 신화는 오래갈 수 없다. 그렇다면 레이건의 영향력, 그 실체는 무엇일까? 첫

화가 프레데릭 처치의
1864년 그림 〈우리의 국기〉.
처치는 남북전쟁 당시
북부의 승리를 기원하며
이 작품을 그렸다고 한다.
그러나 그림에는 전쟁의 음울함이
여전히 담겨 있다.
빛나는 외양과 달리 내면의 모순을
피할 수 없었던
레이건 시대의 분위기와 유사하다.
Wikipedia Loves Art participant Opal_Art_
Seekers_4(CC BY 2.5)

째는 '힘(power)'에 대한 메시지이고 그것은 신보수주의의 핵심 내용이기도 하다. 레이건이 1980년 선거에서 승리하게 된 계기 중 하나는 '위기와 한계의 연설(malaise speech)'로 알려진 카터의 대중 연설이다. 1979년 7월 15일 저녁, 당시 대통령이었던 카터는 TV를 통해 대국민 담화를 발표했다. 담화문 발표의 직접적인 계기는 당시 점점 더 심화되던 미국의 인플레와 석유 문제였다. 카터는 문제의 본원적 해결을 위해 미국인 모두가 공동선의 추구, 개인의 희생과 봉사, 탐욕과 소비의 절제 같은 덕목을 되살려야 한다고 강조했다. 그렇지 못할 때 미국의 민주주의는 결국 위기에 빠질 것이라는 엄중한 경고였다. 많은 석학과의 논의를 거쳐 진지하게 준비한 것이었지만 결국 그의 연설은 국민에 대한 도덕적 훈계라는 비난만 받고 말았다.

반면 레이건은 자랑스러운 미국, 자유의 희생자로서의 미국, 세계를 지도

하는 영광스러운 미국 등 미래를 낙관하는 메시지를 끊임없이 강조했다. 퇴임 4년 후인 1992년, 그는 공화당 전당 대회의 특별 연사로 나와 "후세의 역사가들에게 나 레이건은 두려움이 아니라 미국인들이 가지고 있는 희망에, 불안함과 회의가 아니라 미국인들이 품고 있는 굳센 믿음에 자신을 전폭적으로 던진 사람으로 기록되기를 바란다"고 말했다. 그러나 그가 남긴 참으로 역설적인 유산은 냉전의 종식이 미국을 평화가 아니라 어떻게 끝내야 할지 알 수 없는 '길고 긴 전쟁(the long war)'으로 밀어 넣었다는 것이다. 레이건은 소련의 아프간 점령에 반대하는 이슬람교도들을 지원하는 정책을 펴 나갔다. 이는 탈레반과 알카에다를 성장시키는 데 결정적으로 이바지했다. 테헤란 인질 사태 중에는 이란에 무기를 팔다가 사태가 해결되자, 이번에는 이란을 견제한다며 사담 후세인Saddam Hussein을 지원하면서 이라크를 키웠다. 그 후 20여 년쯤 지나 미국은 아프간과 이라크에서 레이건이 키워 놓은 제자뻘 되는 군대와 싸웠다. 이라크전쟁은 천문학적인 낭비 외에 아무 성과 없이 지나갔고 아프간전쟁에서 미국은 소련과 전혀 다를 바 없는 굴욕을 당하며 철수할 수밖에 없었다.

두 번째로 던진 레이건의 메시지는 '부(rich)'에 대한 찬양이었고 그것은 신자유주의의 핵심 중 하나였다. 최악의 스태그플레이션에 빠져 있던 미국민들에게 풍요로운 아메리카에 대한 향수와 가능성을 동시에 겨냥한 레이건의 발언은 실제 효과와 관계없이 큰 반향을 불러일으켰다. 그가 내세운 정책 논리는 공급주의 이론이었다. 공급주의 논리는 낙수효과 이론이다. 즉, '경제의 파이를 키우면 나눌 수 있는 몫이 많아지기 때문에 성장 정책이 중요하고, 그러려면 돈 많은 부유층과 기업이 더 많은 돈을 벌 수 있도록 해 주어야 한다'로 요약된다. 감세 정책이나 탈규제 정책이 이런 논리에 기초하고 있다. 그러나 정책 논리보다 사람들을 끌어들인 것은 '미국의 꿈'이라는 긍정적 메시지와 그 메시지가 발산하는 심리적 동기 부여와 희망의 기대 효과였다.

레이건은 또 오늘날 미국이 겪는 문제는 민주당 정부 때문에 벌어진 일이라고 주장했다. 유약하고 무능한 민주당 정부라는 장애물만 제거하면 미국은 다시 강국으로, 미국민들은 다시 풍요로운 삶을 살 수 있다고 말했다. 그는 미국인들이 자기비판과 한계에 귀 기울이는 사람들이 아니라 자기만족과 풍요를 추구하는 사람들임을 알고 있었다. 레이건은 미국인들이 듣고 싶어 하는 것을 들려주었다. 1980년 대통령 후보 수락 연설에서 그는 '미국인들은 새로운 세계를 건설할 수 있는 힘을 가지고 있다'고 강조했다. 집권 기간 내내 그는 미국의 힘, 미국의 영광이라는 메시지를 끊임없이 전파했고 기회 있을 때마다 실제로 그것을 과시했다. 레이건이 제시한 새로운 미국의 길은 1960~1970년대 이행기의 혼란을 고통스럽게 기억하는 많은 미국인에게 심리적 치유의 효과로 작용했다.

레이건과 함께 정책 이데올로그idéologues로 등장한 신보수주의자들은 반공주의를 확대 재구성한 적/동지의 이분법적 사고를 강화하면서, 제국 미국을 영구적 전쟁 국가로 만드는 이론적 토대를 제공했다. 그리고 '시장 만능-신자유주의'의 이름으로 자본과 국가의 공고한 동맹이 시작되었다. 자본과 국가의 길항과 협력 관계를 기초로 한 뉴딜 체제는 그렇게 막을 내렸다. 한편 우익 기독교 집단은 미국 사회와 문화의 전통적인 가치를 새롭게 세우겠다는 도덕 경비단으로 작동하기 시작했다. 공화당은 그렇게 역사적 뿌리와 정체성에서 벗어나 극우의 길로 나섰다.

7

보수에서 극우로

성 소수자 운동을 반대하는 기독교 우파의 샌프란시스코 시위. Steven Damron(CC BY 2.0)

1988년, 저명한 경제학자 프리드먼은 100여 년간의 미국 근대사를 '19세기 중반에서 후반에 이르는 자유방임의 애덤 스미스Adam Smith 물결', '이후부터 1960년대까지 복지 국가 중심의 페이비언Fabian 사회주의 물결' 그리고 '1980년대 이래 자유 시장의 복귀가 이끄는 하이에크 물결'이라는 세 가지 큰 흐름이 교차하는 과정으로 정리했다.[58] 하이에크의 물결은 앞서 말한 신보수-신자유주의에 기초한 보수의 이념적·현실적 헤게모니를 말한다. 그것이 이전의 페이비언 사회주의 물결, 즉 1930년대 중반부터 1970년대까지 40여 년을 이어 온 뉴딜 체제라는 미국적 진보 질서를 대체한 것이다.

1980년대에 일어난 신보수-신자유주의 체제로의 변화는 정치의 흐름에도 고스란히 반영되었다. 1980년대에서 1990년대 초까지 지속된 세 번의 공화당 대통령 시대는 공화당 의회 시대로 연장되었다. 특히 1994년은 결정적 전환점이었다. 다음 장에서 더 자세히 논하겠지만, 그해 선거에서 공화당은 상원과 하원, 주지사 등 주요한 세 정치 영역 선거에서 모두 압승을 거두었다. 40여 년 만에 일어난 미국 정치의 대전환이었다. 그동안 세 영역의 정치 지형도에서 민주당은 뉴딜의 영향과 중산층·서민 지향적 정책으로 강력한 우위를 유지했었다. 그 지형도가 1990년대 들어 완연하게 달라진 것이다. 그 후 오늘날까지 약간의 변동은 있지만, 공화당과 보수 우위의 정치 지형도는 거의 달라지지 않고 있다. 2022년 3월, 퓨 리서치 센터가 발표한 조

---

58 A. Burgin, *The Great persuasion: Reinventing the free market since the Depression* (Cambridge: Harvard Univ Press, 2012). 페이비언 사회주의란 1884년 영국에서 결성된 사회주의 정책 연구 및 운동 조직인 페이비언 클럽의 사상을 말하는 것으로 영국 노동당의 성장에 크게 기여했다. 주장의 핵심은 민주적·평화적·점진적 개혁의 방식으로 사회주의 체제를 건설한다는 것이다. 프리드먼은 뉴딜의 정체성을 페이비언 사회주의의 의미로 파악한 것이다.

사 결과는 그 점을 정확히 보여준다.[59] 법안 투표 이력에 근거해 상·하원 의원들의 이데올로기적 성향을 분석한 결과, 정당을 가리지 않고 1990년대 중반부터 의회는 보수파가 다수임을 보여 주고 있다. 더 주목할 것은 그 경향성이 점차 증가하고 있다는 점이다. 즉, 1990년대의 전환은 단기적 권력 판도의 변화가 아니었다. 이는 현실 권력의 지형 전환을 넘어서는 '정치 이데올로기의 보수적 지형 전환'을 의미한다. 그리고 보수적 전환의 범주가 대통령과 행정부 수준을 넘어 의회로, 나아가 대중적 생활 정치로까지 확장된 것이다.

이처럼 레이건이 초석을 쌓은 신보수-신자유주의 체제는 거침없는 항해를 이어 오고 있다. 체제의 항해는 공화당과 민주당의 차이마저도 무의미하게 만들고 있다. 그 체제는 21세기에 접어들어 맞닥뜨린 두 개의 거대한 시험대마저도 그다지 어렵지 않게 통과했다. 두 개의 시험대는 2001년의 9·11 테러와 2008년의 금융 재난이다. 이들은 신보수-신자유주의 체제가 가진 정치적·경제적 위험성을 그대로 보여 준 대형 사건이었다. 9·11은 미국이 세운 국제 안보 질서에 도전하는 사상 최대의 테러 공격이었고, 금융 재난은 미국의 경제 시스템에 던지는 1930년 대공황 수준의 엄혹한 경고였다. 그러나 결론부터 미리 말하자면, 9·11 테러는 미국의 대외 강경 노선을 더욱 굳건하게 해주었고, 2008 금융 재난에도 체제는 문제의 주범들을 처벌하지 않음으로써 그 위력을 더욱 강하게 보여주었다.

물론 두 사태를 겪으면서 신보수주의, 신자유주의라는 용어는 불명예스러운 단어가 되었다. 적잖은 비판도 제기되었다. 그런 이유에서인지 최근 들어

---

59 Pew Research Center, *The polarization in today's Congress has roots that go back decades* (2022. March 10).

잘 사용하지 않는 용어가 되었다. 그렇다고 다른 용어로 대치된 것도 아니다. 그러나 어떤 용어를 사용하든 중요한 것은 미국의 패권적 행태—특히 오늘날의 미국 일극 체제 세계 질서—와 탈규제적 경제 질서—프리드먼의 용어로는 하이에크 물결—라는 흐름 자체는 거의 달라지지 않았다는 점이다. 그리고 두 사태에 대처한 공화당과 민주당의 차이도 미미했다. 그만큼 신보수-신자유주의 체제는 용어의 위상이나 사용 빈도와 관계없이 미국 사회의 강력한 구조물로 자리 잡고 있다.

보수에서 극우로

신보수-신자유주의 체제가 승승장구하는 사이, 미국 보수는 내용적으로 달라졌고 그것을 드러내는 몇 가지 중요한 정치적·사회적 현상들이 나타났다. 첫째는 극우 미디어의 확산, 둘째는 백인종주의 집단의 공개적·위협적 활동, 셋째는 기독교 국가주의의 본격적 대두 그리고 넷째는 공화당 정치 행태의 극단화 등이다. 요약하면 보수의 극단화 현상이고 공화당이 이들과 적극적으로 결합되어 있는 것이다. 기실 공화당은 계급적 의미에서의 보수 정당(예: 영국 보수당은 지주, 상공인, 기업가 등 부르주아 계급에 기초한 정당. 노동당은 이름 그대로 노동자 계급이 주축)이 아니라 이데올로기적 의미의 보수 정당이다. 따라서 현실과 무관한 교조적 주장, 즉 '누가 더 보수주의적인가', '누가 진짜 보수인가'라는 강퍅한 논리가 힘을 얻게 되고 이 과정에서 당은 점차 근본주의화, 극우화의 길로 나아가게 된다.

극우란 보수의 보수, 즉 극단화한 보수를 의미한다. 내용적으로는 반공주의, 권위주의, 국수주의, 인종적 우월주의 등의 이데올로기를 품고 있으며,

역사적으로는 나치즘이 가장 대표적인 사례이다. 그 같은 이데올로기에 바탕을 둔 극우 집단은 따라서 정치적 억압, 폭력, 강제적 통합 또는 배제, 약자나 소수자에 대한 혐오와 차별을 그대로 드러내는 한편, 반대로 애국심, 충성심, 종교적 수준의 도덕 등을 요구한다. 2021년 1월, 워싱턴 의사당을 무대로 벌어진 트럼프의 쿠데타는 이 같은 극단적 사고와 사회 현상이 집약된 한 편의 참혹한 드라마이다.

사실 극우 미디어의 등장과 확산, 인종 차별주의, 근본주의 기독교의 성장 등은 미국 역사의 한 부분이라고도 할 수 있다. 예를 들면 국수주의나 극단적 반공주의를 주창하는 극우 미디어들은 이미 냉전 시대 때부터 활약해왔다. 차이가 있다면 적어도 1980년대 이전까지 그들은 주류가 아니라 주변부 현상이었고, 스스로 거리를 두었을 뿐 아니라 사회적으로도 그렇게 취급당했다. 또 공화당에서도 그런 수준의 것으로 인식하고 있었다. 그러나 1980년대 후반부터 변방의 극단적 요소들이 정치적·사회적 주류의 한 부분으로 자리 잡기 시작했다. 그렇게 된 가장 중요한 이유는 공화당이 그들을 이용하거나 때로는 그들의 행태를 방조 내지는 조장하는 식으로 함께 힘을 합해왔기 때문이다.

극우 미디어 1 — R. 림보

2020년 2월, 대통령 트럼프는 러시 림보Rush Limbaugh라는 라디오 진행자에게 '대통령 자유 훈장(presidential medal of freedom)'을 수여했다. 대통령 자유 훈장은 미국의 안전, 세계 평화와 문화 발전에 뛰어난 공적을 세운 사람에게 수여하는 서훈으로 '의회 금메달(congressional gold medal)'

과 함께 민간인이 받을 수 있는 미국 최고의 명예이다.[60] 그러면 림보는 누구인가? 그는 1988년부터 2021년 2월까지—그해 림보는 폐암으로 사망—33년간, 매일 3시간씩 미국 전역에 방송된 '러시 림보 쇼'라는 라디오 토크쇼 진행자였다. 그는 오늘날 미국에서 번성하고 있는 극우 라디오 방송의 모범 사례를 만들어 낸 선구자로, 방송 진행자 상을 여러 차례 수상하기도 했다. 내용은 극단적인 음모론과 메시지가 전부. 예를 들면 이민자는 '침략자(invasive species)', 환경 운동가는 '환경 꼴통(environmental wacko)', 여성 운동은 '여성 나치주의(feminazi)'라고 부르는 식이다.

극우 보수주의자인 그는 2천만에 이르는 청취층을 기반으로 공화당과 보수주의 집단의 실질적 대변인이자 지도자 역할을 담당했다. 그의 방송 내용에 따라 2천만이 쏟아 내는 비난 전화와 이메일, 편지, 정치 후원금은 의원과 주지사, 심지어 대통령의 행보와 정책을 좌우할 정도였다. 지난 2007년, 불법 이민자에게 시민권을 부여하려던 부시의 정책이 좌초되었는데, 가장 큰 이유 중 하나는 림보를 포함한 극우 미디어들의 집중 포화 때문이었다. 2013년에 오바마 정부가 추진한 동일한 사안 역시 같은 배경에서 입법화되지 못했다. 한편 2009년 오바마 당선 직후, 림보는 '그가 실패하기를 원한다'는 식의 발언을 일삼았다. 이를 망언이라고 비판한 몇몇 공화당 의원들과 공화당 전국위원회 의장 등은 림보가 반발하자 즉각 사과했다. 심지어 한 의원은 사과하면서 그를 '보수주의의 위대한 영도자(great leader)'라고 부르기도 했다. 같은 해, USA Today가 실시한 여론 조사에서 그는 뉴트 깅그리치 Newt Gingrich 전 하원 의장, 전 부통령 딕 체니 Dick Cheney와 함께 공화당

---

60 대통령 자유 훈장을 받은 역대 수상자 중 우리에게 익숙한 인물로는 S. 호킹, B. 게이츠, 요요마, S. 스필버그, G. 스타이넘 등이 있다.

지지자들로부터 미국 보수주의 집단의 대변자이며 공화당의 실질적 지도자로 인정받았다. 그보다 훨씬 전인 1992년 레이건 대통령은 림보에게 미국 공화당과 보수주의의 목소리를 최일선에서 전파한 공로를 치하한다는 서한을 보내기도 했다. 2020년 트럼프는 그에게 드디어 미국 최고의 명예 훈장을 수여한 것이다.

상식의 관점에서 림보의 경우는 거의 엽기적 사례처럼 보인다. 그는 사실 정치적 발언에 늘 주의해야 하는 공화당 정치인의 내심을 직설적으로, 거리낌 없이 대신 전파해 주는 기제라고도 할 수 있다. 이 때문에 공화당과 보수주의자들에게 미치는 그의 영향력은 더욱 증폭된다. 이런 과정 속에서 극우 미디어는 변방의 목소리에서 벗어나 정치판을 바꾸는 영향력 있는 주류로 자리매김하게 된다.

극우 미디어 2 — 폭스뉴스

림보를 능가하는 또 다른 사례는 폭스뉴스이다. 림보가 특정 진행자 개인 수준의 극우 미디어라면, 폭스뉴스는 대기업 수준의 극우 미디어이다. 림보와 마찬가지로 거짓과 음모론 그리고 사이비 과학이나 논리 등에 기대어 공화당에 편파적인 정치 선동을 일삼는 방송사다. 폭스는 1996년 저명한 미디어 사업자 루퍼트 머독Rupert Murdoch이 CNN에 맞설 케이블·위성 뉴스 전문

채널로 설립했다. 이후 2001년부터는 공개적으로 공화당과 보수주의 지지 성향을 내세우면서 성장, 기존의 CNN은 물론 MSNBC 등을 능가하면서 꾸준하게—물론 약간의 순위 변동이 없지는 않았으나—시청률 1위를 유지해 오고 있는 미디어 기업이다. 공화당의 정치적 성공에 기여한 폭스뉴스의 역할은 이미 잘 알려져 있다. 폭스는 부시의 2000년 대선 승리를 이끈 결정적 매체 중 하나였고,[61] 오바마에 대한 악선전을 일삼았는가 하면, 최근엔 트럼프의 대국민 사기극을 충실하게 대변했다. 그리고 폭스뉴스는 지금도 여전히 미국 극우의 대변인이다.

폭스의 정치적 역할을 보여 주는 첫 번째 사례는 부시와 앨 고어가 나선 2000년 대선이다. 초박빙의 선거였다. 선거 당일 폭스뉴스를 포함한 언론사의 출구 조사는 모두 고어의 승리를 예상했다. 그러나 선거 다음 날 플로리다주의 공식 발표는 부시의 승리였다. 전체 600여만 표 중 0.009퍼센트인 불과 537표 차이. 선거법에 따른 재검표 결과 차이는 300여 표로 줄어들었다. 이 과정에서 부실한 투표용지, 기표 오류 등이 확인되자 고어 측과 민주당은 더 정확한 재검표를 요구했다. 공화당과 폭스뉴스는 이를 패자의 불평과 트집이라고 여론을 몰고 갔다. 플로리다주 대법원이 승인한 재검표를 연방 대법원이 중단시켰다. 이유는 당선자를 확정해야 하는 법정 시한 내에 재검표가 이루어질 가능성이 없다는 것이었다. 부시의 당선은 그렇게 확정됐다. 부시 271(당선 기준 270), 고어 266. 국민이 아니라 폭스와 대법원이 부시를 뽑았다는 말은 여기에서 비롯된다.

2004년 대선에서 폭스뉴스는 아예 부시 백악관과 선거 전략을 함께 논의

---

61 T. Dickinson, *How Roger Ailes built the Fox news fear factory,* Rolling Stone (2011. June 9).

하는 공조 체계를 구축했다. 2008년 오바마가 대선 출마를 준비할 때부터 폭스뉴스는 그가 공산주의자, 모슬렘, 흑인 민족주의자, 급진 좌파라는 주장을 각종 프로그램을 통해 끊임없이 전파했다. 2016년 트럼프의 대선에는 폭스의 뉴스 앵커들이 그의 유세장이나 집회장에 나가 격려와 축하 메시지를 서로 나누었는가 하면 머독은 트럼프의 대통령 재임 기간 거의 매일 통화할 정도의 측근으로 지냈다. 하원의 1·6 쿠데타 특별조사위원회에 따르면 의사당 난입 사건을 전후해 폭스뉴스를 포함 다수의 우익 미디어 앵커들이 미디어 자문, 메시지 조정 역할 등을 수행하면서 사실상 공화당과 트럼프의 선전 요원으로 활동한 것으로 드러났다.

이런 면에서 폭스뉴스는 독립적 언론이 아니라 공화당의 선전 마이크다. 폭스뉴스의 민낯은 조직 내부에서 벌어지는 스캔들에서도 그대로 드러난다. 2015년 8월에 열린 첫 번째 공화당 대선 후보 토론회에서 앵커 메긴 켈리 Megyn Kelly는 트럼프의 여성 비하적 언행에 대한 확인 질문을 던졌다. 당황한 트럼프는 토론회 이후 불만을 토로했고 그는 물론 지지자들과 극우 단체들은 켈리에게 비난 댓글과 협박을 일삼았다. 그는 결국 회사를 떠났다. 한편 2020년 대선 출구 조사를 발표하는 선거 방송에서 트럼프 선거 캠프의 판단과 달리 민주당 바이든의 승리를 예측한—특히 2020 대선의 결정적 전환점이었던 애리조나주의 선거 결과—폭스뉴스의 선거 방송 팀 역시 트럼프와 극렬 지지자들의 적나라한 공격 대상이 되었다. 이들 중 일부는 끝내 회사를 떠나야 했다.

분노 표출, 적대적 공격, 음모론에 가까운 요설, 백인들이 품고 있는 내면의 분노를 여과 없이 전달하는 것이 폭스뉴스다. 여성을 노골적으로 성 상품화하는 진행자들의 발언과 관련 영상 역시 비일비재하다. 우익의 주장에 충실하며 공화당에 봉사하는 기업의 조직 문화와, 그 기업이 생산하는 프로그램은 동전의 양면처럼 떼려야 뗄 수 없다. 폭스뉴스라는 기업 조직에 이미 인종 차별적이며, 반여성주의적이고, 편견에 사로잡힌 문화가 스며들어 있는 것이다. 그것은 기업 운영을 책임지고 있는 상층 경영진들의 행태와 사고를 반영하는 것이기도 하다.[62] 로저 에일스Roger Ailes 폭스뉴스 회장과 폭스뉴스의 간판 앵커 빌 오라일리Bill O'Reilly가 2016년과 2017년 성 추문으로 연이어 물러난 것도 이의 연장선상에서 벌어진 일이다.

럼보와 폭스는 극우 미디어 환경의 일부일 뿐이다. 진입 장벽이 낮은 온라인 공간에 극우 미디어가 성행하는 것은 이미 보편화된 현상이고, 2013년에는 케이블 뉴스 채널인 One America News Network, 2014년에는 위성 뉴스 채널인 Newsmax 등의 극우 미디어가 설립되면서, 이제는 극우 미디어들 간에 누가 더 우익다운지를 놓고 경쟁이 벌어지고 있다.

미디어의 중요성은 아무리 강조해도 지나치지 않다. 미디어는 평생 교육 기관이다. 교육이 그렇듯 미디어가 전파하는 이데올로기는 사람들의 생각을 좌우하는 한편, 실제 행동에도 영향을 끼친다. 그런 의미에서 이데올로기는 추상적인 권력이며 동시에 물리적인 권력이다. 설령 시청자나 독자의 주체적 판단 역량을 인정한다 해도 미디어가 전파하는 이데올로기의 영향력은 개인의 역량보다 훨씬 크다. 극우 미디어는 상식, 사실, 진실 같은 것에 괘념치 않는다. 극우 미디어가 문제인 것은 그 때문에 벌어지는 정신의 오염 때문이다.

---

62 머독은 2007년 경제 분야에서 특히 권위를 인정받고 있는 《월스트리트저널》을 《뉴욕 타임스》에 맞서는 신문으로 만들겠다며 모기업 다우존스를 인수했다. 방송으로 폭스를 가진 머독이 이번엔 신문으로 월스트리트저널을 사들인 것이다. 보수 성향이지만 저널은 정확하고 객관적인 저널리즘을 지키려 노력한다는 평가를 받고 있다. 같은 모기업 소속이지만 조직의 전통, 구성원들의 태도 등이 저널의 차이를 만들어 내는 요체라는 것이 중론이다. 물론 머독의 인수 이후 저널이 달라졌고 내부의 진통 역시 상당하다는 것은 잘 알려진 사실이다.

그런 미디어가 공화당의 문화 선전대가 되어 지금 극단적 양상의 정치판을 함께 만들어 내고 있는 중이다.

기독교 국가주의

2003년 7월. "이라크전쟁은 하나님으로부터 부여받은 임무이다. 하나님께서는 이 전쟁을 이용해 인류의 적을 제거함으로써 새로운 시대를 열고자 하신다." 대통령 부시의 발언이다. 2004년 1월. "하나님은 이스라엘을 위협하는 수많은 군대를 쳐부수었다. 이라크전쟁은 미국과 착한 사람들을 보호하기 위한 것이다. 계율을 어기는 사람은 죽이라고 하나님이 명령한 바 있다. 인류의 전쟁은 예수 그리스도가 다시 올 때까지 끝나지 않을 것이다." 미국 기독교 복음주의·근본주의 교파의 대표적 지도자인 제리 폴웰 목사(2007년 73

2009년 워싱턴 D.C.에서 진행된
티파티 운동 시위의 한 장면.
참가자가 "미국은 기독교 국가"라고
적힌 피켓을 들고 있다.
https://www.flickr.com/photos/
bootbearwdc/3913936352 DB King
(CC BY 2.0)

세를 일기로 사망)의 이라크전쟁 관련 발언이다. 2015년 6월. "주님을 섬기고 주의 나라를 찬양하는 것은 우리의 권리이며 의무이다. 정치는 휴거가 일어날 때까지 계속되는 영원한 투쟁이다." 트럼프 정부 국무장관을 지낸 마이크 폼페이오Mike Pompeo가 하원 의원 시절에 한 말이다. 2017년 5월. "트럼프가 대통령이 된 것은 하나님께서 그렇게 만들었기 때문이다." 우리나라에서도 유명한 빌리 그레이엄Billy Graham 목사의 아들이자 역시 복음주의 계열의 목사인 프랭클린 그레이엄Franklin Graham의 인터뷰 발언 중 일부이다.

자신들이 설계한 군사 작전을 십자군 전쟁으로, 정치 지도자를 선지자로 믿는 종교적 태도를 관통하는 것은 무엇일까? 기독교 국가주의(Christian nationalism)이다. 기독교 국가주의란 간단히 말해 미국은 기독교 국가가 되어야 한다는 이데올로기이다.[63] 미국은 본래 하느님으로부터 특별한 사명을 계시받은 기독교 국가로 출발했기 때문에 정부는 법부터 도덕에 이르기까지 하느님의 말씀에 충실한 국가로 사람들을 이끌어야 하고, 그것이 또한 미국의 문화적 정체성과 자유를 지키는 길이라는 것이다. 이들에 따르면 정부와 교회의 분리 원칙을 천명한 미국의 헌법도 개정되어야 하며, 각급 공공 기관 건물 내외부에 기독교 기념물들이 설치되어야 한다. 이들에게는 또 합리적 과학, 이성적 논리에 기초한 사회 체제와 질서의 구축보다, 예수에 대한 신앙심, 근본주의적으로 해석한 성경의 말씀(예: 성경 무오류설)이 다른 무엇보다 중요하다. 따라서 각종 공교육 과정에 종교 활동(예: 학교 기도, 성경 독회 등)과 기독교 과목이 반드시 포함되어야 하며, 창조론과 지적 설계론을 진화론과 동

---

63 M. Goldberg, *Kingdom coming: The rise of Christian nationalism* (NY: WW Norton and Co, 2007).

등한 수준과 내용으로 가르쳐야 한다고 주장한다. 실제로 애리조나, 루이지애나, 테네시, 텍사스 등에서는 창조론이 초중고 교육과정에 포함되어 있다.

이들은 이스라엘의 건국이나 아랍 국가들과의 전투에서 이스라엘이 승리하는 것은 '하나님의 기적'이 이루어진 것으로, 중동에서 분쟁이 지속되는 것은 성경에서 예고한 예수 재림이 더욱 가까이 다가왔다는 신호로 해석한다. 미국은 성경의 말씀대로 인류 역사의 최종 단계를 올바르게 맞이해야 하며 그것을 위해서라면 아마겟돈의 대전쟁도 불사해야 한다고 주장한다. 이들은 또 하나님은 이스라엘을 어떻게 대하는가에 따라 그 나라를 심판하는데 오늘날 미국이 축복받는 이유 중 하나는 이스라엘과 유태인에게 미국이 우호적인 정책을 펴 왔기 때문이라고 말한다. 반면 9·11 테러는 낙태, 동성애, 세속적 가치에 물든 미국을 벌주기 위해 하나님께서 허락한 일이 된다.

이들이 보기에 여성 운동, 동성애자, 낙태, 포르노 등은 성경의 가르침에 어긋나는 거의 신성 모독에 해당하는 죄악으로 제거되어야 할 대상이다. 여성 운동은 겉으로는 여성의 권리 신장을 내세우지만 실제로는 사회주의자, 가족 파괴주의자, 반자본주의자들이 지배하는 선동이다. 이들을 지원하거나 묵인하는 정부나 정당은 이단에 가까운 존재들이다. 따라서 국가는 전통적 기독교 도덕률을 수호하고자 하는 종교와 사회 단체를 적극적으로 지원하는 한편, 이에 반하는 개인이나 집단은 적극적으로 막아 내는 경비원 역할을 수행해야 한다. 이런 사고방식에서 낙태 수술을 행하는 의사를 사형에 처하자는 입법을 주장하는 정치인도 있고, 미혼모 여성은 아예 교직에 서지 못하도록 해야 한다고 주장하는 정치인도 나온다. 텍사스주에서는 심지어 낙태 수술에 관련된 사람(예: 당사자나 의사 등)을 신고하면 포상금을 지급하는 '낙태 현상금' 법안까지 시행하고 있다. [64]

기독교 국가주의는 기독교라는 이름을 빌려 자신들의 가치 체계를 강요하는 도덕적 전체주의 이데올로기이다. 이들은 스스로를 '악으로부터 자유롭다, 면역되었다, 악과 전혀 닮지 않았다'고 믿는다. 내가 악이 아니라 다른 사람이 악이라면 다른 사람을 제거하는 것이 도덕적으로 맞는 의무적 행위가 된다. 자신들의 종교적 이념만 옳을 뿐, 상대방의 주장이나 다른 종교의 자유는 인정하지 않는 파시스트적 태도이다. 이라크전쟁 같은 미국의 패권적 전쟁 행위를 지지하는 것도 '우리와 그들' 또는 '선과 악'의 이분법적 구도로만 세계를 바라보는 근본주의의 함정에 빠져 있기 때문이다. 그런 의미에서 기독교 국가주의는 정치적 극단주의를 종교의 이름으로 정당화하는 행태에 지나지 않는다.

티파티 운동

2009년 2월 19일, 시카고 상품 선물 거래소. 릭 산텔리Rick Santelli라는 CNBC 소속 금융 전문 기자가 거래소 현장에서 외쳤다. "주택담보대출 받은 사람들, 정부에서 지원해 줘야 할까요?" 상품 시장 거래 중개인들은 한목소리로 "아니요!"라고 답했다. 산텔리는 현장을 생중계하던 카메라에 대고 다

---

64 2022년 6월 24일 미국 연방 대법원은 정부 차원에서 보장됐던 여성의 낙태 권리를 폐기했다. "낙태할 권리는 헌법상 조항에 의해 보호되지 않는다"며 "낙태 문제 결정은 국민이 선출한 대표에게 돌려줘야 한다"고 판결한 것이다. 이는 낙태를 합법화했던 1973년의 로 대 웨이드 판결(Roe v. Wade decision)을 완전히 뒤집은 것이다. 이 판결로 50개 주 가운데 절반 이상의 주에서 낙태를 금지하거나 크게 제한할 것으로 전망된다.
https://imnews.imbc.com/replay/2022/nwtoday/article/6382010_35752.html

2009년 4월,
코네티컷.
티파티 활동가들 시위.
Sage Ross(CC BY-SA 3.0)

시 외쳤다. "오바마 대통령님, 듣고 계세요?" 2008년 벌어진 금융 위기 와중에 나온 분노한 사람들의 목소리 중 하나이다. 소란스러웠던 티파티Tea Party 운동의 시작이다.

이야기는 이렇다. 2005년 미국 주택 시장은 최고치를 향해 달려가고 있었다. 많은 사람이 규제 완화로 쉬워진 대출을 받아 부동산 시장에 뛰어들었다. 2006년부터 집값이 폭락하기 시작했다. 시장은 얼어붙었다. 대출을 감당하지 못한 사람이 속출하면서 주택 압류가 시작되었다. 개인 파산자가 폭증하고, 주택담보 대출은행도 파산 위기에 빠졌다. 정부는 금융 기관에 대규모 재정 지원을 하기로 결정했다. 다음 순서는 개인 피해자들이었다. 산텔리의 주장은 스스로 감당할 능력이 없으면서도 빚을 낸 무책임한 부동산 구매자들을 정부가 재정을 풀어 도와준다는 것은 그런 행동을 조장하는 것이라는 비판이었다. TV로 생중계된 산텔리의 발언은 세간의 큰 화제가 되었고, 이에 자극받은 사람들이 들고일어나 정부의 재정 지출 정책을 비판하는 대중 운동을 시작했다. 불과 열흘 만에 미국 전역의 40여 개 도시에서 '티파티 운동'이라 불리는 자생적 시위가 일어났고, 이들 소규모 조직들은 전국 네트워크를 구성했다.[65] 시작의 명분과 논리는 분명했다. 기업이든 개인이든 스스로의 잘못된 판단으로 벌어진 일은 자신이 책임져야 하며 정부 역시 보수적 재정 정책을 펴야 한다는 원론적이고 소박한 주장이었다.

티파티의 분노는 그즈음 대통령에 당선된 오바마로 향했다. 이미 지적했듯 2007~2008년 금융 재난의 근본 원인인 금융 산업 규제 완화는 클린턴 대통령과 민주당의 작품이었다. 또 하필 금융 재난의 수습과 금융 산업 개혁의 책임자도 오바마 대통령과 민주당이었다. 재난의 씨앗을 뿌린 클린턴과 개혁조처는커녕 이전 시스템을 복구시킨 오바마로 인해 티파티 운동은 더욱 힘을 얻었고 민주당은 온갖 비난을 뒤집어썼다. 이에 보수주의 활동가들과 공화당이 개입하면서 티파티 운동은 공화당의 한 부분으로 흡수되었다. 매케인의 부통령 후보였던 세라 페일린Sarah Palin이 주도적 역할을 맡았다.[66] 극우 기업인 코크와 그가 세운 '미국번영재단'이 적극적으로 후원하면서 티파티는 보통 사람들의 분노를 이용한 공화당과 보수 집단의 정치 운동으로 탈바꿈하였다. 이들은 정부 지출 축소에서부터 작은 정부, 낮은 세금, 국가 채무 감축과 같은 본래 보수주의자들의 주장을 반복했다. 차이라면 그것을 예외 없고 타협 없는 절대 원칙으로 내세웠다는 점이다.

---

65 티파티라는 이름의 기원은 정확하지 않다. '더 이상의 세금 부과 금지!(Tax Enough Already)'를 뜻한다는 주장도 있고, 산텔리가 정부 비판 티파티를 열 계획이라고 말한 데에서 시작되었다는 주장도 있고, 나아가 18세기 식민지 시절 영국의 과세 방침에 반발하며 벌어진 보스턴 티파티 운동에서 빌려 왔다는 설명도 있다.

66 2008년 대선 직후, 공화당 후보였던 매케인은 부통령 후보로 함께 뛰었던 S. 페일린에게 이렇게 말했다. "당신을 공화당의 미래로 보고 정치꾼들, 극우 쪽 인물들, 미디어 등에서 새 정치의 기수로 만들어 주겠다며 찾아올 것이다. 절대 그들에게 넘어가지 마라." 매케인의 경고는 당시 점증하는 반엘리트적 대중 정서의 위험성을 페일린뿐 아니라 공화당에도 던진 것이었다. 그러나 페일린은 티파티의 대표 주자로 나서 2010년 중간선거의 당선·낙선 운동을 주도했다. 당의 극우화를 우려했던 매케인의 예상은 그대로 현실화되었다.

이들은 오바마 대통령 임기 첫 중간선거인 2010년 선거에 적극적으로 개입, 특정 정치인에 대한 지지와 반대를 공개적으로 천명하면서 보수 유권자들을 독려, 극우 성향의 인물들을 대거 상원 의원과 하원 의원으로 당선시켰다. 공화당이 2010년 하원의 다수당이 된 것은 티파티 운동의 힘이라고 해도 과언이 아니다. 불과 2년 전인 2008년, 대선과 총선 그리고 주지사 선거에서 압승을 거두었던 민주당은 소수당으로 떨어졌다. 공화당은 하원에서 무려 63석—중간선거에서 일어나는 하원 의석 변화는 평균 20~30석 수준—을 늘렸고, 변동 폭이 그리 크지 않은 상원 의원 선거에서도 다수당이 되진 못했지만 7석을 늘렸으며, 주지사 선거까지 공화당이 앞섰다. 이러한 대규모 의회 구성비 변화는 1948년 이래 처음이었다. 티파티 운동은 놀라운 정치적 성취를 이루어 냈다. 당선 이후 흔히 '티파티 집단'이라 불리는 공화당 초선 의원들은 독자적인 계파를 형성, 비타협적 강경 보수 노선을 내세우며 법안 발의와 투표에 적극적으로 참여하였다. 이들과 함께 공화당은 더욱 완강해졌다.

2010년에 이어 2012년 선거에서도 티파티는 성공했다. '티파티 집단'의 정치적 행동 지침에 민주당과의 '타협'은 없었다. 그들은 강경 보수의 원칙과 논리에 집착했고 연이은 정치적 성공에 더욱 완고해졌다. 공화당은 '티파티 집단'에 끌려다니고 있었다. 결국 이들과 공화당은 2013년 정부 예산 지출 법안을 거부했고 연방 정부는 문을 닫았다. 비난 여론이 쏟아졌다. 그 반작용으로 2014년과 2016년 선거에서 적지 않은 티파티 출마자들이 연이어 낙선하면서 의사당을 떠났다. 티파티 운동은 그렇게 마무리되는 듯했다. 그러나 티파티 참여자들은 의회를 떠나 트럼프 캠프로 향했다. 많은 사람의 예상을 뒤엎고 변방의 출마자로 취급받던 트럼프가 공화당의 대선 후보로 지명되었다. 여론 전문가들의 예상을 뒤엎으면서 심지어 대통령에 당선되었다.

티파티가 유일한 요소는 아니었지만 기존 정치판에 대한 분노의 연장선상에서 벌어진 정치의 역전극이었다. 이런 점에서 트럼프의 당선과 티파티 운동의 시작은 너무나도 닮았다. 아이러니한 것은 보수적 재정 정책을 요구하면서 시작된 티파티 운동은 트럼프가 남긴 천문학적인 예산 적자와 국가 채무에도 불구하고 2018년 중간선거에서도 여전히 트럼프를 지지했다는 점이다.

티파티 운동이 금융 재난 사태에 대한 보수의 대응이라면, 2011년에 벌어진 '월가 점거 운동(Occupy Wall Street)'은 금융 재난 사태에 대한 진보·개혁 집단의 대응이었다. 동기는 같지만 두 운동의 주장은 전혀 달랐다. 티파티는 오바마 의료 개혁 반대, 환경과 교육 그리고 실업 보험과 사회보장비용 지출 축소, 정부의 기업 규제 철폐, 사회 복지 축소 등을 내세우는 기존 보수의 반복이었다. 반면 오큐파이, 즉 월가 점거 운동은 무분별한 탈규제 정책이 난국의 원인이라며 시장의 규제자로서 정부의 공공적 역할을 강하게 주문했다. 티파티는 기존 정치에 대한 불신을 앞세웠고, 오큐파이는 기존 정치의 개혁을 내세웠다. 티파티가 D. 트럼프를 낳았다면, 오큐파이는 B. 샌더스를 낳았다. 티파티가 더욱 극단화되어 가는 21세기 보수의 한 양상이라면, 오큐파

2011년 12월 10일, 뉴욕 맨해튼에서 열린 오큐파이 운동과 선거권 보장 시위대의 연합 집회 장면. https://www.flickr.com /photos/ fleshmanpix/6732137133 Michael Fleshman (CC BY-SA 2.0)

이는 오늘날 미국의 청년 세대가 자본주의 체제의 대안으로 사회주의에 관심과 지지를 보내는 한 배경이 되었다.

백인종주의

'birtherism' 또는 'birther movement'라는 용어가 있다. 직역하면 '출생주의', '출생주의 운동'. 무슨 말인지 우리에겐 매우 어색한 단어이다. 이 말은 오바마 대통령의 신분에 의문을 던지면서 벌어진 '미국인 논란'을 가리키는 말이다. 오바마의 대선 출마 움직임이 본격화하던 2008년 무렵 '미국인 논란'이 번지기 시작했다. 음모론적 주장의 하나로, 요약하면 오바마는 미국 영토에서 출생하지 않았으며 출생증명서는 위조된 것으로 미국인이 될 수 없는 그는 애초부터 대통령 후보가 될 수 없다는 것이다. 그뿐 아니라 오바마는 중간 이름 '후세인'이 말해 주듯 기실 '은밀한 모슬렘', 곧 이슬람 테러리스트와 다름없는 자라는 것이었다. 한때의 가십거리 정도라기엔 내용은 물론, 그의 자격과 관련 온갖 소송이 제기될 정도로 심각한 사안이었다. 그러나 그가 대통령에 당선되면서 미국인 논란은 거의 정리가 되었다.

그러나 오바마 대통령이 재선을 준비하던 2011년 무렵, 부동산 사업가인 트럼프도 정계 진출을 준비하고 있었다. 그의 첫 정치 행보는 오바마의 미국인 논란에 다시 불을 붙이는 것이었다. 그의 미국인 논란은 한 사람의 미국 시민 여부를 따지는 단순한 팩트 체크 정도가 아니라 매우 사악한 의도를 품고 있는 주장이다. 곧 '누가 진짜 미국인인가'를 가리고자 하는 일종의 인종주의적 공격인 것이다. '흑인이 어떻게 이 나라의 대통령이 될 수 있는가'라는 말을 공개적으로는 할 수 없는 상황에서 백인들이 던지는 일종의 암호이다. 직설적으로 말하면 '백인종주의'의 발현이다. 백인종주의는 백인의 인종적 우월성에 대한 믿음으로, 이민자와 소수자에 대한 불평불만을 부추기며, 이들 때문에 다수인 백인이 오히려 위협받고 있으므로 가능한 한 모든 수단을 동원해 백인의 권력과 이익을 보호해야 한다는 사고방식을 의미한다. 최근 백인종주의는 그 범주를 넓혀 '서양 우월주의(Western Chauvinism)'까지로 확장되고 있다.

백인종주의자들은 미국의 백인 인구 비율을 감소시키려는 거대한 음모—백인 소수화(white minority), 백인 대체(white replacement), 나아가 백인 멸종(white extinction)이라고도 불리는—가 진행되고 있다는 주장도 서슴지 않는다.[67] 사실 백인종주의는 미국 역사의 뿌리 깊은 한 부분이다. 노예 제도는 이를 바탕으로 만들어진 것이고, 남부의 과거를 귀족 사회로 미화하는 논리인 동시에 남북전쟁 이후의 짐 크로 법을 정당화하는 논리이기도 하다. 작금의 트럼프 현상 역시 백인종주의가 사회적으로 어떻게 나타나는가를 보여 주는 매우 적나라한 사례다.

최근 약화되고 있다고는 하지만 트럼프 지지도는 여전하다. 선거 패배 직후에는 오히려 더욱 열광적이었다. 공화당 내부에 끼치는 그의 영향력으로 보면 트럼프는 당의 최고 지도자다. 선거에 나서는 공화당 정치인들 대부분은 그의 명시적 지지 선언을 얻으려고 서로 간에 '트럼프 충성도 경쟁'을 벌이기도 한다.[68] 그러나 주지하다시피 품격, 지식, 태도, 언행 등에서 그는 지도자 특히

---

67 A. Sewer, *White nationalism's deep American roots*, The Atlantic (2019. April).

68 미국의 공영 방송 NPR의 2018년 11월 18일 자 뉴스에 따르면 트럼프의 지지 선언이 실제 선거에 끼치는 영향은 2018년 중간선거의 사례를 보면 대략 58퍼센트 수준이다. 그리 낮은 것은 아니지만 그렇다고 결정적 요건인 것도 아니다.

대통령 자격이 없는 인물이라는 것이 일반적인 평가다. 심지어 2016년 대선을 바로 앞둔 무렵까지 공화당 내부의 평가도 그러했었다. 그렇다면 좀처럼 잦아들지 않는 작금의 트럼프 지지 현상을 어떻게 설명할 수 있을까?

2011, 2016, 2017, 2018년 등 4회에 걸쳐 수행된 선거 관련 데이터베이스의 유권자 인터뷰 자료에 기초한 분석 결과는 자못 충격적이다.[69] 한편 역설적으로 그동안의 의문을 풀어 주는 내용이기도 하다. 해당 논문 제목의 일부인 'Activating animus'를 직역하면 '사악한 심보를 자극한다'는 뜻이다. 좀 더 자세히 말하면, 민주당 지지 성향이라고 생각되는 소수 집단—인종적(예: 흑인과 히스패닉)·종교적(예: 모슬렘)·문화적(예: 게이, 레즈비언 등 성 소수자) 소수 집단—에 대한 편견과 증오에 기초한 적개심(animus), 즉 '백인종주의'가 트럼프를 지지하는 가장 중요한 동력이라는 것이다.

상시적으로 반복되는 '이민 정책' 논란이나 '인종 이론' 같은 것이 보여 주듯 백인종주의는 백인들에게는 마치 DNA처럼 내재되어 있는—해서 '미국의 원죄'라고도 불리는—정서적 이데올로기의 하나다.[70] 또 백인종주의 조직은 노예제 철폐 이후 남부에서 만들어진 유서 깊은(?) KKK부터 신나치 조직에 정규군 보병 수준의 무장을 갖춘 자칭 민병대까지 무수히 많은 집단이 있으며 이들은 모두 미국 역사와 사회의 한 부분을 구성한다. 한편 1964년 이래 지금까지의 대통령 선거에서 민주당 후보는 백인들로부터 단 한 번도 과반의 지지를 받은 적이 없다. 이유는 흑인 민권 운동을 주도한 민주당에 대한 인종주의적 반감 때문이다. 미국의 인종주의는 그러한 정도의 역린

---

69 L. Mason and J. Wronski and J. Kane, *Activating animus: The uniquely social roots of Trump support*, American Political Science Review (2021).

70 J. Willis, *America's original sin: Racism, white privilege, and the bridge to a new America* (Ada, MI: Brazos Press, 2017).

이다. 트럼프는 그것을 토대로 정치를 시작했고, 백인종주의자들은 그의 구호 '미국을 다시 위대하게'를 '미국을 다시 백인에게'라는 뜻으로 받아들이고 있다. 그들에게 트럼프의 재임 기간은 대통령의 비호(?)하에 거리낌 없이 활동할 수 있었던 좋은 시절이었다.

2017년 8월, 버지니아주 샬러츠빌에서는 '우익이여 단결하라!'라는 구호 아래 이틀에 걸친 대규모 백인종주의 시위가 벌어졌다. 그에 반대하는 시위대에 신나치주의자가 자동차를 몰고 돌진, 한 명이 사망하고 19명이 부상당하는 사고가 터졌다.[71] 다음 해엔 피츠버그의 유태 교회당에서, 그다음 해엔 엘패소의 월마트에서 수십 명을 총격, 살해하는 백인종주의자의 범죄가

2017년 8월 12일,
버지니아주 샬러츠빌에서 열린
'우익이여 단결하라!'
시위에 참여한
우익 단체 회원들.
Anthony Crider (CC BY 2.0)

---

71 트럼프는 2016년 대선에 나서면서 '우리는 불법 시위대를 차량으로 들이받을 것'이라고 발언했었는데 그 말을 따른 듯한 사건이 실제로 벌어진 것이다. 사건이 터진 이후에도 대통령 트럼프는 인종주의자들을 옹호하는 발언을 이어 갔다. 그는 또 코로나 방역 지침을 강화한 미시간 주지사를 '독재자'라 비난하며 '미시간을 해방시켜야 한다'는 내용의 트윗을 계속 내보냈고 바로 그즈음에 우파 민병대원들의 미시간주 의회 난입 사태가 벌어졌다. 심지어 주지사 납치 음모가 발각된 이후에도 트럼프는 범죄자들을 추궁하는 것이 아니라 주지사에 대한 비난을 멈추지 않았다.

이어졌다. 급기야 2020년 4월, 미시간주에서는 수백 명의 민병대원이 코로나 방역 지침에 반발, 중화기로 무장한 채 주 의사당에 난입, 주지사의 사임을 요구하는 난동을 벌였고, 이들 중 일부는 주지사 납치 음모죄로 체포, 재판에 회부되었다. 또 남침례회 교회의 흑백 차별 역사는 과거가 아니라 현재 진행형이다. 인종 차별을 비판하는 목회자들을 교회에서 축출하는 것은 너무나 일상화되어 있어 뉴스에조차 오르지 않는 일이 되었다. 이 같은 증오 범죄는 우파의 폭력 정치가 어디까지 나갈 수 있는지를 적나라하게 보여주는 사례들이다. "미국에선 히틀러 같은 인물이 당선되지 못하리라고 생각하겠지만, 만약 백인들만 투표했다면, KKK 지도자인 데이비드 듀크David Duke가 루이지애나 주지사로 당선되었을 것"이라고 지적한 한 심리학자의 말은 백인종주의와 연관해 유념해야 할 경고가 아닐 수 없다.[72]

극우의 위험

극우 미디어, 기독교 국가주의, 티파티 운동, 백인종주의. 이들이 전파하는 음모론적 메시지, 이분법적 논리와 공격적 언어, 거친 행동과 위협적 행태, 실제 나타나는 인종주의적 범죄로 미국 사회의 분위기는 억압적이고 불안하다. 병원이든, 학교든, 사무실이든, 정부 기관이든, 거리든, 광장이든, 공원이든, 극우 집단이 나타나면 언제 어떤 일이 벌어질지 예측하기 어려운 공포 분위기

---

72 J. Dean, *Conservatives without conscience* (NY: Viking, 2006). KKK 리더였던 듀크는 신나치주의자이며 반유태주의 음모론자로 1989년부터 1992년까지 루이지애나주의 하원 의원을 지냈고, 1991년에는 공화당 후보로 루이지애나 주지사 선거에 출마했었다.

가 조성된다. 극우 단체들이 의도적으로 만들어 내는 공포 분위기는 직접적인 테러 위협부터 간접적인 겁박에 이르기까지 여러 양상으로 나타난다.

2008년 대선을 2주 앞둔 시점에 신나치주의자 두 명이 오바마 암살 음모와 관련, 체포되었다. 2009년 폭스뉴스 진행자로부터 영아 살인자로 비난받은 낙태 시술 의사가 캔자스의 한 교회에서 피격돼 사망했다. 같은 해 오바마와 유태인이 미국을 지배하려는 음모를 꾸민다고 믿는 한 백인 우월주의자는 워싱턴의 유태 기념관 경비원을 살해했다. 오사마 빈 라덴Osama bin Laden과 낸시 펠로시Nancy Pelosi 민주당 하원 의장을 함께 사살해야 한다는 끔찍한 이야기가 극우 라디오 방송을 통해 버젓이 흘러나오는가 하면, 티파티 운동이 한창이던 2009년, 텍사스의 공화당 주지사 릭 페리Rick Perry는 텍사스의 연방 탈퇴 가능성을 언급하기도 했다.

공포 분위기는 지금도 여전하다. 오히려 더 극단화되었다. 2021년, 공화당의 폴 고서Paul Gosar 하원 의원은 바이든 대통령을 공격하고 동료 의원—사회주의자임을 자처하는 민주당 소속의 여성 하원 의원—을 살해하는 내용의 만화 동영상을 온라인에 유포했다. 2020년 8월, 미네소타에서 흑인 민권 시위대에 총격을 가해 두 명을 살해하고 다른 한 명에게 부상을 입힌 백인 소년이 무죄 석방되었다. 트럼프는 그를 영웅으로 치켜세웠고, 몇몇 공화당 의원들은 그를 의회 인턴으로 고용하겠다고 공언했다. 한편 공화당의 마저리 그린Marjorie Greene 하원 의원은 민주당 법안에 찬성표를 던진 공화당 동료 의원들을 '반역자'라 부르며 명단과 연락처를 공개, 사실상 살해 협박을 유도, 방조했다. 실탄을 장전한 총기를 들고 다니는 것이 하느님의 명령이라는 목사가 있는가 하면 인종주의, 성 소수자 문제 등을 다룬 책들을 학교 도서관에서 없애거나 그런 책으로 수업하는 선생님을 쫓아내는 미국판 분서갱유가 도처에서 진행되고 있다.

미국민들의 적대적 분열과 상호 간 혐오의 심각성을 보여 주는 또 다른 현상은 국가를 분리하자는 주장이 일부 공화당 의원이나 보수 집단에서 공공연하게 나오고 있다는 점이다. 미국에서 분리주의 운동은 나름 역사가 길다. 그러나 우려할 만한 내용과 수준으로 번진 것은 최근의 일이다. 분리주의자들의 주장에는 나라를 남과 북으로 가르자는 것에서부터 북동부, 중부, 남부, 서부 등으로 아예 나라를 쪼개 버리자는 과격한 것까지 포함되어 있다. 150여 년 전 남북전쟁이라는 미국사 최대의 비극을 불러온 것은 남부 11개 주의 '국가 분리(secession)' 주장이었다. 그것이 21세기에 재현되고 있으며 특히 공화당 지지층에서 점차 강도가 높아지고 있다. 예를 들면 2014년 공화당 지지자의 분리 찬성은 30퍼센트, 민주당 지지자는 20퍼센트 정도였다. 그러나 2020년 대선에 즈음한 조사에서는 자신이 지지하는 후보가 낙선할 경우 공화당 지지자는 44퍼센트가, 민주당 지지자는 41퍼센트가 국가 분리에 찬성하는 것으로 나타났다. 그다음 해인 2021년, 남부 공화당 지지자들의 경우 1월 조사에서는 50퍼센트였으나, 6월 조사에서는 무려 66퍼센트로 상승했다. 조사를 담당했던 전문가들이 지적하듯 이 수치가 심사숙고의 결과물인 것은 아니다. 다만 국가 분리 주장이 우려스러운 이유는 그것이 실제로 일어날 가능성 때문이 아니라 그 정도로 사회의 분열과 국민들 사이의 간극이 깊기 때문이다.

2009년, 국토안보부는 해외에서 유입되는 테러보다 자생적인 극우 테러를 미국이 당면한 가장 큰 안보 위기라고 진단한 바 있다.[73] 2021년, FBI 역시

---

73 2009년 9월 30일, 국토안보부 제닛 나폴리타노Janet Napolitano 장관의 의회 청문회 증언록. 아래 링크 참조.
https://www.dhs.gov/news/2009/09/30/secretary-napolitanos-testimony-eight-years-after-911-confronting-terrorist-threat

의회 청문회에서 같은 위험을 지적한 바 있다. 극우 조직이 군대 내부에까지 침투했고 현역 군인이 조직의 구성원으로 있다는 것은 이미 공공연한 사실이다. 아프간전쟁과 이라크전쟁의 사회적 후폭풍 중 하나로 참전 군인들 중 일부가 전쟁과 정부에 대한 불만을 반이슬람 정서, 나아가 유색 인종 전반에 대한 증오로 표출하면서 극우 또는 반정부 군사 조직에 참여하는 것으로 알려져 있다. 이들과 국가 분리주의자들과의 거리는 그렇게 멀지 않다. 이런 위험을 지적한 국토안보부의 테러 보고서에 대해 공화당은 미국의 미래를 염려하는 보수주의자들을 테러리스트로 낙인찍는 일이라고 비난했었다.

극우 미디어, 백인종주의, 기독교 국가주의, 극우 테러 등은 차별과 배제를 기본으로 하는 매우 폭력적이며 비민주적인 이데올로기이다. 이들의 담론은 이성적·논리적·분석적인 것이 아니라 도발적이며 공격적이고 본능적이다. 합리적 사고와 논의, 타협의 가능성을 억압하는 한편, 사회와 정치의 폭력성을 자극하고, 민주주의를 외면한 채 권위주의 체제의 건설을 도모한다. 트럼프 탄핵에 찬성표를 던진 공화당 애덤 킨징거Adam Kinzinger 하원 의원은 2021년 10월 정계 은퇴를 선언하면서 "공화당은 이제 의원 상호 간의 불신과 두려움, 인간적 모멸감으로 가득 찬 조직이 되었다. 의견이 다른 사람을 억압하고 비인간화하는 식으로 권위를 유지하는 당 지도부는 당뿐 아니라 나라까지도 맹목의 위기에 빠뜨리고 있다. 우리 모두는 이 거짓의 정치와 시급히 단절해야 한다"라는 내용의 성명을 발표했다. 극우의 위험성에 대한 절실한 경고이다.

8

공화당의 추락과 미국 정치의 위기

지지층의 백인종주의를 자극하면서 자신을 권위적 정치 지도자로 올려놓은 트럼프.
그는 추락하는 미국 정치의 위기를 상징한다.

레이건은 1985년 재선에 성공한 이후, 민주당과 개혁·진보주의자들을 향해 '사상적으로 고갈된 집단, 지적 자산을 탕진한 집단'이라고 일갈한 바 있다. 이제 그 말은 공화당과 보수주의자들에게 던져야 하는 말이 되었다. 아들 부시 시절 비서실 부실장으로 그의 오른팔이었던 칼 로브Karl Rove는 공화당의 '영구적 다수당(permanent majority)' 시대가 왔다고 말했다. 그러나 거짓말을 내세워 전쟁을 일으킨 그 시대는 '대규모 예산 적자, 무분별한 정부 지출과 해외 개입, 연고주의, 사기, 부패, 로비 대가 챙기기, 인기 영합주의, 권력 위세 부리기'로 가득 찬 8년이었다.[74]

트럼프의 4년은 그보다 더한 극단의 시간이었다. 과장된 표현이지만 정부를 개인 조직처럼, 백악관을 가족 기업처럼 운영했다. 조직적 논의가 아니라 트위터 메시지가 정부의 공식 절차와 과정을 대신했다. 공화당은 트럼프 지지자들의 압력과 선거 승리라는 목표 앞에서 그의 붕당처럼 처신했다. 행정부나 사법부, 백악관의 인사는 자격자를 선발, 임용하는 과정이라기보다 충성도를 심사하고 개인 연고에 따라 달라지는 형국이었다. 권위주의적 국가 운영의 전형이었다. 트럼프 정부는 스스로를 국민 전체의 정부로 자리매김하지 않았다. 공적으로든 사적으로든 그는 인종 차별주의를 숨기지 않았고 오히려 방조했다. 거짓말의 선동은 민주주의의 기본 틀인 선거 자체를 불신하게 만들었다. 정부, 의회, 법원의 품위나 신뢰 역시 추락했다. 권위주의는 민주주의를 위협했고 인종주의는 사회 곳곳으로 침투, 폭력적인 사회 분위기를 조성했다. 1·6 쿠데타는 이 같은 트럼프 정치를 상징하는 하나의 정점이다.

물론 보수가 전적으로 부정적인 집단은 아니다. 그러나 공화당으로 대변되

---

74 R. Vigueri, *Conservatives betrayed: How G. Bush and other big gov't Republicans hijacked conservative cause* (LA: Bonus Books, 2006).

는 미국의 보수는 레이건 시대, 부시 시대 그리고 트럼프 시대를 거치며 극우로 변질되었다. 드러나는 행태를 보건대 그들은 정치를 국가 경영이 아니라 권력 투쟁을 위한 폭력적 대결—물리력을 포함하여—로 간주하는 듯하다. 공화당과 미국 보수가 정치의 위기, 나아가 사회의 위기를 불러오는 위험한 집단으로 추락했다는 말은 전혀 과장이 아니다.

추락의 시작, 1994년 혁명

1994년, 미국 정계를 뒤집는 대전환이 일어났다. 대전환은 '1994년 혁명', '공화당 혁명', '깅그리치 혁명' 등 여러 이름으로 불린다. 1994년은 1기 클린턴 정부가 들어선 이래 첫 중간선거가 치러진 해이다. 그 선거에서 일어난 정계 변화의 양과 질, 파장은 가히 '혁명'이라 불러도 전혀 손색이 없다. 하원·상원·주지사 선거가 모두 공화당의 승리로 귀결되었다. 정계 전체가 공화당 우위로 바뀐 것은 무려 40여 년 만의 일이다. 공화당이 하원에서 다수당이 된 것이 1952년 이래 40년 만의 일이었는데, 1933년부터 1995년까지 62년 동안 공화당이 하원과 상원에서 모두 다수당이었던 시기는 합해야 겨우 4년에 지나지 않는다. 주지사 선거에서도 공화당이 민주당을 제친 것은 1972년 이래 20년 만의 일이다. 또 공화당이 다수의 주 의회에서 우위에 올라선 것도 50년 만에 처음이다. 그뿐만이 아니다. 공화당은 19세기 후반 남부 재구축 시기 이래 거의 100여 년 만에 처음으로 남부에서 민주당보다 많은 의석을 건졌다. 가히 '1994년의 공화당 혁명'이다.

어떻게 이런 거대한 변화가 가능했던 것일까? 선거 공학 차원의 설명은 일관되고 통일적인 메시지로 선거에 임한 공화당의 전략이 주효했다고 언급한다. 그들은 일 못하는 기존의 워싱턴 정치와 다른 모습을 보여 주겠다는 구호를 내걸었다. 모든 후보가 세금 감면, 복지 제도의 축소 등 10개의 입법 공약을 내걸었고, 그와 함께 당선 후 100일 이내에 자신들의 법안을 모두 통과시키겠다는 구체적 추진 계획까지도 제시했다. 그것이 유권자들에게 선명하게 다가갔다는 것이다. 또 당시 좋지 않았던 경제 상황에서 클린턴 대통령과 그의 정책을 '세금 낭비 좌파'라는 식으로 공격하며, 공화당은 자신들의 정책을 매력적인 대안으로 세울 수 있었다. 이 같은 공화당의 선거 전략과 추진 동력의 뒤에는 뉴트 깅그리치Newt Gingrich라는 나름의 전략과 이론, 지도력을 갖춘 인물이 있었다.

그러나 선거 공학 차원의 설명은 '1994년 공화당 혁명'의 전말에 대한 하나의 분석 정도에 지나지 않는다. 단도직입적으로 말한다면 1994년의 대전환은 선거 공학의 승리가 아니라 오랫동안 진행되어 온 '파괴 정치'의 산물이다. 그런 뜻에서 1994년의 승리는 더할 나위 없이 화려한 것이었지만, 지극히 부정적인 성질의 것이었고 동시에 정치적 추락의 시작이었다. 그리고 추락의 파장은 한 정당 정도가 아니라 미국 정치 전체를 수렁에 빠뜨렸다. 그 파괴 정치의 주역이 바로 깅그리치이다. 1994년의 대전환을 '깅그리치 혁명'이라고 부르는 이유도 여기에 있다. 문제는 그 혁명이 말 그대로 파괴적이었다는 점이다.

깅그리치, 1990년대의 트럼프

깅그리치는 1979년 조지아주의 연방 하원 의원으로 정계에 입문했다. 초선 의원 시절부터 그는 만년 소수당인 공화당을 다수당으로 만들고자 나름의 논리와 전략을 수립했고, 사람들을 끌어모았으며, 자신만의 방법으로 열심히 노력했다.

그가 세운 논리와 목표 달성 방법은 '워싱턴 개혁'이었다. 그러나 개혁의 실상은 '워싱턴 정치의 파괴'였다. '파괴'는 과장된 표현이긴 하지만 실제의 모습을 이보다 더 정확히 표현할 수는 없다. 그것이 깅그리치의 방식이었다. 그가 실천한 '파괴의 정치학'이란 정치를 문제를

깅그리치와 트럼프 일러스트레이션.
DonkeyHotey (CC BY-SA 2.0).

해결하는 숙의의 과정이 아니라 전투적 대결의 현장으로 만드는 전술·전략을 말한다. 깅그리치는 "좌파는 오늘날 미국이 앓고 있는 질병의 책임자다. 민주당은 상대편 정치인이 아니라 적이다. 나라를 어렵게 만들고 있는 집단이다. 우리는 그들을 상대로 전쟁을 벌여야 한다. 그 전쟁은 성과를 거둘 때까지 지속되어야 하며 실제 전쟁답게 잔인해야 한다"고 말했다.[75] 그즈음 공화당은 정치를 권력 투쟁의 장이라고 강조하면서 의원들에게 정치의 금도를 강조하지 않았다. 오히려 '막가파식'—굳이 영어로 쓰자면 nasty—으로 처신하도록 요구했다.

깅그리치는 자신의 말을 행동으로 옮겼다. 기존 정치를 파괴하려면 명분이 필요했고 그 명분은 기존 정치의 틀이 오염된 하수구라는 것이었다. 그는 민주당을 비애국 정당, 공산당, 부패한 엘리트 집단이라고 몰아붙였다. 동료

---

75 M. Coppins, *The man who broke politics,* The Atlantic (2018. November).

정치인에 대해 동성애자니 소아 성애자니 하는 추문을 퍼뜨리는 일도 마다하지 않았다. 같은 당 의원들마저도 눈살을 찌푸릴 정도였다. 한 의원은 '중세 스페인의 종교 재판과 같은 악마의 바람이 의사당을 뒤덮고 있다'고 탄식했다. 깅그리치는 의도적으로 정치인의 추문을 계속 흘렸다. 언론은 사람들의 말초적 관심을 자극하는 추문을 쫓아가기 바빴다. 1988년에는 하원 의장이 금전적 추문에 연루되었다는 의혹을 여러 자리에서 퍼뜨렸다. 급기야 시민 단체까지 나섰다. 그의 부인까지도 의혹 대상이 되었다. 심지어 민주당 원내 대표와 예결위원회 위원장까지 FBI의 수사를 받았다. 하원 윤리위원회는 6개월 동안이나 조사를 벌였다. 추문은 사소한 실수를 왜곡하고 과장한 것에 지나지 않았다. 그럼에도 의사당 전체가 추문 관련 조사와 수사에 휘말리면서 의회의 다른 일정은 사실상 중단되었다. 의회가 문을 닫은 것과 다름이 없었다. 깅그리치의 계획대로 워싱턴 정치는 수렁에 빠졌다. 정치는 중단되고 정치에 대한 혐오만 깊어졌다. 그렇게 깅그리치는 성공했고 워싱턴을 흔드는 유명 정치인이 되었다. 당 지도부에서는 과격하고 호전적인 깅그리치를 막지 않았다.

추락한 워싱턴 정치는 유권자들에게 혐오를 넘어 분노의 대상이 되었다. 민주당은 청산되어야 할 기득권 집단으로 몰렸다. 아닌 게 아니라 민주당은 오랜 기간 상원, 하원, 주지사, 행정부에서까지 우세를 유지해 온 워싱턴 정치의 기득권 집단이었다. 나중에 밝혀진 일이지만 깅그리치를 포함해 민주당에 독설을 퍼부은 공화당 정치인들은 윤리적으로 보면 거의 범죄자 수준이었다. 그런데도 사람들은 민주당에 더 엄격했다. 그들에게 깅그리치는 워싱턴을 타락에서 구해 낼 기사로 여겨졌다. 공화당은 깅그리치가 구사하는 극단적 네거티브 전술이 다수당이 된 비결이라고 믿었다. 당 선거 전략 본부에서는 '깅그리치 따라 하기' 같은 책자를 만들어 정치 지망생들이나 의원들을 교육했다. 그가 당을 주도적으로 이끌고 선거의 성과를 거둔 뒤로 공화당은 국가 운영이 아니라 상대를 파괴하는 정치적 술수에 더욱 관심을 집중했다. '무조건 반대당'이라는 비판에도 아랑곳하지 않고 '파괴 정치'의 길을 선택했다. 1970년대에 닉슨이 남부를 편 가르는 '분열의 정치학'을 구사해 성공했다면 1980년대 이후 공화당은 깅그리치가 주도한 '파괴의 정치학'을 구사해 성공했다.

공화당의 1994년 대승을 이끈 공로로 깅그리치는 다음 해 하원 의장으로 올라섰다. 그해 그는 클린턴 정부의 환경, 교육, 공중 보건 분야 예산안에 대한 반대를 이끌면서 21일 동안 연방 정부를 폐쇄시켰다. 1998년에는 성 추문을 이유로 클린턴 대통령 탄핵을 주도했다. 극단적 행태의 공화당에 대한 여론이 급속도로 악화되었다. 그가 의장이었던 1998년 선거에서 공화당은 그들이 예상한 것보다 훨씬 적은 당선자를 냈다. 다수당 지위를 내준 것은 아니지만 사실상의 패배였다. 이미 끓고 있던 당 내부의 불만 여론이 폭발했다. 이를 계기로 깅그리치는 재임 4년 만에 의장직에서 사퇴하고 정계를 떠났다.

그러나 그가 씨를 뿌린 극단적 정치 행태는 이후 공화당 정치의 모델이 되었다. 하원 의장의 권력을 이용, 그는 전투적이고 파당적이며 증오심에 기초한 정치술을 발휘, 의회를 협치의 장이 아니라 대립의 장으로 만들었고, 정치에 대한 보통 사람들의 혐오와 불신을 강화시켰으며, 정치 환경 전반을 오염시켰다. 정치를 하는 것이 아니라 기존 정치에 분노케 하여 유권자들을 분열시키고 지지자를 끌어모으는 것, 그것이 공화당 정치의 전부였다. 한 역사학자는 그런 깅그리치를 일러 "목표를 위해서라면 자신의 집까지도 태워 버릴" 정치인이라고 묘사했다.[76] 오바마 대통령은 2016년 트럼프의 당선을 두고 이렇게 말했다. "트럼프는 변방의 인물이 아니다. 그동안 공화당이 동원해 온 정치 전술의 논리적 귀결이다." 그가 말한 공화당의 정치 전술은 깅그리치가 구사한 '파괴의 정치학'을 지칭한다. 이런 면에서 깅그리치는 1990년대의 트럼프이고 트럼프는 2000년대의 깅그리치다.

공화당의 책략

선거는 민주주의의 꽃이다. 민주주의라는 제도가 실제로 어떻게 구현되는가를 보여 주는 사례다. 선거를 통해 인민들은 특정 정치 집단을 지지하거나 배척함으로써 정치의 물길을 바꾼다. 이 때문에 정당은 선거를 전후해 가장 집중적인 노력을 기울이게 마련이고, 그런 노력의 하나가 선거 결과에 대한 냉정한 분석과 대안 마련이다. 지금의 패배를 다음의 승리로 전환하기 위해 민심을 파악하고, 기존의 선거 과정과 결과, 전략·전술의 문제를 분석하고, 대안을 마련하는 것이 최우선의 과제임은 재론할 필요가 없는 일이다. 그러나 지금의 공화당은 2020 대선과 총선의 패배를 성찰하는 것이 아니라 선거법 개정에 집중하고 있다. 개정의 명분은 2020 대선의 부정 선거 논란을 차단하고 선거의 투명성을 높인다는 것이다. 자신들의 부정 선거 주장을 빌미로 선거법을 개정하는 희극이 연출되고 있다. 당연히 법은 개악될 수밖에 없고 실제로도 '유권자 억압법'으로 불린다. 그 내용은 다음과 같다.

첫째, 공화당은 투표 결과 공인 절차를 당의 허가제 형식으로 바꾸는 중이다. 각 주의 선출직 공직자나 하급 자치단체의 선거 관리 요원들이 당의

---

76 J. Zelizer, *Burning down the House: Newt Gingrich, the fall of a speaker, and the rise of the new republican party* (NY: Penguin, 2020).

지시를 어기고 투표 결과를 공인하지 못하도록 정한 것이다. 이미 널리 알려졌듯 바이든의 2020년 대선 승리에는 트럼프의 압력, 트럼프 지지자들로부터의 살해 협박, 당의 압박 등을 무릅쓰면서 투표 결과를 지켜 낸 각 주 공화당 공직자들의 역할이 적지 않았다. 조지아주의 사례가 대표적이다. 정무장관을 포함한 주 선거 관리 공무원들은 트럼프의 부정 선거 주장과 투표 결과 뒤집기 압력을 정면으로 반박했었다. 공화당에서는 이런 공직자들을 도태시키거나, 아예 징계에 회부할 수 있는 제도를 만들고 있다.

둘째, 공화당은 유권자들의 선거 참여 자체를 매우 어렵게 만드는 중이다. 일명 '유권자 억압법(Voter suppression)'이다. 이 작업에는 당뿐 아니라 헤리티지재단을 포함한 우익 싱크 탱크들과 우파 단체들 그리고 극우 기업(예: 코크산업) 등도 적극적으로 공조하고 있다.[77] 이들은 아예 법안을 만들어 공화당에 제공하는 한편, 지지자들을 동원, 여론전을 펴고 있다. 공화당이 다수를 차지하고 있는 텍사스, 애리조나, 조지아, 플로리다 등 19개 주에서 이런 법이 통과되었다(2021년 12월 현재). 법안에는 이전보다 훨씬 엄격한 신분 확인 절차, 투표소 및 투표 시간 축소, 부재자 자격 요건 강화 등이 담겨 있다. 우편 투표 제도를 없애거나 대폭 축소했다. 선거 질서 유지를 명분으로 경비 요원들을 동원, 투표 현장을 찾은 유권자들에 대한 임의 검문도 대폭 강화했다. 유권자들에게 음료수나 보온 도구를 제공하는 자원봉사 행위도 금했다. 이는 선거 참여를 최대한 불편하게 하고 선거 현장의 분위기를 불안하게 만듦으로써 투표율을 떨어뜨리거나 투표 자체를 아예 못 하게 하려는 의도에서 나온 것이다. 일부 공화당 의원은 '모든 사람이 투표할 이유는 없다'는

---

77 J. Mayer, *Inside the Koch-backed effort to block the largest election-reform bill in half a century,* The New Yorker (2021. Mar 29).

발언도 서슴지 않고 있다. 이 때문에 흑인들의 투표를 제한했던 19세기 후반의 사례만큼이나 광범위하고 강도 높은 투표 방해 제도라는 지적이 나오고 있다.

선거법 개악 외에 공화당이 진행하고 있는 것은 선거구 조정, 즉 '게리맨더링'이다.[78] 미국은 10년마다 행해지는 인구 센서스 조사 결과를 반영, 지역 선거구를 조정한다. 얼핏 인구사회학적 변화를 반영하는 정상적 절차로 보이지만, 각 정당은 자신에게 유리한 선거 결과를 이끌어 내고자 유권자들을 인종별로 묶거나 분리하는 식으로 지역구를 조정하고 있다. 공화당은 2020년 대선에서는 패배했지만, 각 주 지방선거에서 크게 승리하면서 30개 주에서(민주당은 18개 주) 다수당의 지위를 확보했다. 쉽게 말해 30개 주에서 공화당은 자신에게 유리한 게리맨더링을 할 수 있게 된 것이다. 게리맨더링에는 심지어 당에 비판적인 의원을 제거할 의도로 지역구를 바꾸는 조처도 포함된다. 이 때문에 트럼프 탄핵에 찬성표를 던진 10명의 의원 중 3명은 2022년 1월 말 현재 당을 떠났다. 한편 2019년 연방 대법원의 판결로 게리맨더링 관련 소송은 각 주 법원에서 종료되기 때문에, 주 의회를 장악하는 정당이 사실상 선거구 조정의 전권을 갖게 되었다. 전문가들의 예상대로 흑인을 비롯한 유색 인종이 소수가 되도록 지역구를 조정한다면 선거 결과는 이미 정

---

78 1812년 미국 매사추세츠주 주지사였던 E. 게리는 자기 정당에 유리하도록 선거구를 분할하였는데, 그 모양이 마치 전설상의 괴물 샐러맨더Salamander와 비슷하여 이를 그의 이름과 합성, 게리맨더라고 부른 것이 용어의 시초이다. 2022년의 경우 텍사스주 공화당은 게리맨더링을 통해 주 인구 중 40퍼센트를 차지하는 백인이 60퍼센트의 선거구에서 다수가 되도록 조정했다. 반면 39퍼센트를 차지하는 히스패닉은 20퍼센트, 12퍼센트를 차지하는 흑인은 2퍼센트, 인구의 5퍼센트를 차지하는 아시아인은 다수인 선거구가 단 한 곳도 없게 만들었다. 한편 오하이오주 대법원은 2022년 1월 14일, 공화당의 게리맨더링이 지나치게 편파적으로 구획되었다며 선거구 전면 재조정 명령을 내리기도 했다.

해진 것이 아닐까 하는 우려도 적지 않다.

당은 또 트럼프에 비판적인 당 인사들의 출마를 방해 내지는 사실상 금지하는 중이다. 트럼프 탄핵에 찬성표를 던진 자당 소속의 연방 의원들(상원 7명, 하원 10명)을 '배신자'라 부르면서 징계 조치를 취하는가 하면, 자진 사퇴 압력을 넣거나 불리한 여론을 조성해 2022년 중간선거 경선에 나서지 못하게 하는 식으로 축출하고 있다. 나아가 하원의 1·6 조사위원회에서 활동하고 있는 두 명의 의원을 공식적으로 징계했다. 정당한 정치적 권리를 행사한 보통 사람들을 핍박하는 위원회에 참여하고 있다는 것을 징계 사유로 들었다. 당이 이 같은 태도를 취하는 이유 중 하나는 7,400만에 이르는 지지자들을 등에 업은 트럼프의 공공연한 선거 개입 때문이다.[79] 뉴스에 따르면 트럼프는 2022년 3월 현재, 중간선거에 출마할 당 후보자─주지사, 정무장관, 연방 및 주 의원, 주 검사 등 각종 선출직─를 뽑는 예비선거에서 130여 명에 대한 지지를 공식화했다. 이렇듯 트럼프는 자신의 지지층을 무기로 명시적으로든 묵시적으로든 입맛에 맞는 후보를 추천하거나 반대자에 대한 낙선을 선동하면서 선거를 앞둔 당과 정치인들을 압박하고 있다.

---

79 트럼프는 특정 후보 지지를 천명하거나 낙선 대상이라며 낙인을 찍는 식으로 선거에 개입하고 있다. 역설적인 것은 이 때문에 오히려 민주당에 유리한 선거 환경이 조성되는 경우도 있다는 것이다. 예를 들면 트럼프는 탄핵에 찬성한 리사 머카우스키Lisa Murkowski 공화당 알래스카 상원 의원을 비난하면서, 극우 여성 정치인을 2022년 중간선거의 공화당 후보로 강력 추천했다. 그러나 2022년부터 시행되는 알래스카주만의 독특한 상원 의원 입후보 절차 때문에 트럼프의 후보가 당선될 가능성은 오히려 낮다는 전망이 우세하다. 독특한 절차란 정당과 관계없이 후보 경선에서 득표 순으로 4명이 일반선거 후보로 나가는 것. 과거의 경선 규칙대로라면 트럼프 추천 후보자가 쉽게 공화당 후보가 될 수 있었겠지만, 그 같은 경선 방식에 문제가 있다는 지적에 따라 알래스카주는 2020년 주민 투표를 거쳐 상원 의원 입후보자 선정 절차를 바꾸었다.

미니 쿠데타

투표율을 낮추거나 선거 과정과 결과에 개입할 수 있도록 법을 바꾸는 것은 의도적이며 반강제적인 정치 조작이다. 그런 뜻에서 공화당의 행보를 민의를 왜곡하는 '미니 쿠데타'라고 불러도 과언은 아닐 것이다. 선거에 대한 불신을 조장하고, 참여의 의미를 폄하하며, 선거 참여 절차와 진행 방식을 바꾸고, 선거 관리 공무원들을 압박하고, 특정인을 배제하고, 사상을 검열하듯 당을 운영하고, 정계 개편을 시도하는 등 공화당은 지금 사실상 민주주의를 옥죄는, 법을 이용한 민주주의 뒤집기를 시도하고 있다.

현재 정치 일정상 2022년은 중간선거가, 2024년에는 대선과 총선이 예정되어 있다. 여기에서 중간선거에 대한 하나의 시나리오를 그려 보자. 전통적으로 중간선거는 집권 여당에는 심판의 무대이다. 2차 대전 이후 지금까지 중간선거는 대선과 총선보다 대체로 10퍼센트 이상 낮은 투표율을 기록하며 거의 예외 없이 집권 여당에 패배를 안겨 주었다. 문제는 2022년의 중간선거가 다른 어느 해보다 특별한 의미를 가지고 있다는 점이다. 1·6 쿠데타, 2020 부정 선거 주장 등이 난무하면서 공화당 지지자들의 상당수가 민주당 바이든 정부를 인정하지 않는 상황에서 치러지기 때문이다. 또 개악된 '유권자 억압법'이 최초로 적용되는 선거이다. 만약 올해의 중간선거에서 지금까지의 관례대로 공화당이 승리한다면, 이는 공화당의 입장에서 통상적 관례의 반복이 아니라 자신들이 내세운 것들, 예를 들면 2020 대선이 부정 선거라는 주장, 나아가 트럼프 쿠데타도 문제가 아니라는 주장 등을 유권자들이 승인하는 것과 마찬가지다. 당장 원院 구성이 바뀌면서 1·6 쿠데타 조사위원회는 문을 닫게 된다. 그 이전에 사태의 전말에 관한 최종 보고서가 나온다 해도 이미 편이 갈라진 사회에서 보고서의 의미나 영향력은 역사적 증거 이상의 의미를 가지기 어렵다. 개악된 선거법 때문에 선거 관련 논란과 소송도 크게 늘어날 것으로 예상된다. 결국 이미 분열된 사회와 정치는 더욱 흔들릴 것이고 민주주의의 상처 역시 더욱 깊어질 것이다.

한편 2024년에는 대선과 총선이 진행된다. 여기에서 대선 시나리오도 한 번 생각해 보자. 일반투표를 집계한 결과 공화당의 트럼프—아직까지 강한 트럼프의 발언권, 그가 추천한 130여 명(2022년 3월 현재) 정치인들의 중간선거 성적 등에 따라 트럼프의 2024 대선 재출마가 전혀 불가능하다고 상정할 수는 없다—또는 트럼프적 인물이 압도적 차이가 아니라 박빙의 차이로 패배한다. 그러자 공화당이 다수인 각 주 의회와 주 정부에서 법 위반 사례를 이유로 일반선거 결과를 추인하지 않는다. 개정된 선거법은 투개표 및 결과 확인 절차를 매우 엄격하고 까다롭게 한 만큼 적지 않은 법 위반 사례가 발생할 것은 틀림없다. 이를 이유로 주 의회는 일반선거에서 뽑힌 선거인단을 배제하고 임의로 선출, 연방 의회로 보낸다. 또는 아예 공화당이 다수인 연방 상원에서 같은 이유로 각 주의 선거인단 투표 결과를 인준하지 않는다. 민주당은 이것이 불법이라며 소송을 제기한다. 하급 자치단체부터 각 주 그리고 연방 법원까지 모든 단계에서 선거 과정과 결과를 놓고 양측이 제기한 재판이 진행된다. 2020년의 경우 트럼프 측은 무려 62건의 선거 부정 소송을 제기했었다. 물론 증거가 없다는 이유로 소송은 모두 각하되었다. 이를 교훈 삼아 향후 공화당은 더욱 무차별적인 소송을 제기할 것으로 예상된다. 가히 선거 무정부 상태이다.

물론 이 시나리오는 지나친 우려다. 미국의 사법 체계가 그렇게 오염된 것은 아니다. 위에서 말했듯 법원은 증거 없이 제기한 트럼프 측의 소송을 모두 기각했다. 민권 운동 단체들이 개정 선거법의 문제점—헌법이 보장한 참정권을 제한하고 있다거나, 인종 차별적이라는 이유—을 들어 소송에 나섰고 법원은 이들의 손을 들어 주고 있다. 플로리다주를 관할하는 연방 법원에서는 2022년 3월, 주에서 제정한 선거법이 명백한 흑백 차별 내용을 담고 있다며 법의 효력을 정지시키기도 했다. 애리조나주 대법원에서는 4월, 특별한 이유가 없는 한 사전 투표를 불법 투표 행위로 규정해 달라는 주의 요청을 기각했다. 한편 미국 사회 다수의 주류 언론은 나름의 합리적 태도와 상식적 관점을 유지하면서 공정한 언론 기관으로서 일정한 신뢰를 구축하고 있다. 또 트럼프의 영향력 또한 점차 약화되고 있으며 그를 둘러싼 공화당 내부의 균열도 감지된다.

그럼에도 우려는 여전하다. 2021년 6월, 200명이 넘는 정치학자들이 공화당의 선거법 개악 시도에 맞서 연방 수준의 선거 관련 개혁법 제정을 촉구하는 공개서한을 발표했다. 민주당은 연방 차원의 '투표 권리법' 제정에 나섰었다. 그러나 2022년 1월, 상원에서 찬성 48, 반대 52로 법안은 통과되지 못했다. 민주당이 다수당이지만 당론과 달리 두 명의 민주당 의원이 반대한 것이다. 법안에 포함되어 있는 필리버스터 제한 내용이 민주주의에 반하는 것이라는 이유에서였다. 상원 의원의 필리버스터 권리를 지키자며 유권자들의 참정권을 가로막고 공화당의 미니 쿠데타를 사실상 측면 지원한 셈이다. 개악된 선거법 때문에 벌써 우려했던 일이 벌어지기도 했다. 2022년의 중간 선거를 앞두고 텍사스주에서 진행된 예비 후보 경선에서, 투표용지 작성에 오류(예: 신분증 번호 기입 오류)가 있다며 무효 처리한 경우가 이전에 비해 무려 열 배 이상 증가한 것으로 나타났다. 그것도 백인이 많은 선거구보다 민주당 지지율이 높은 선거구, 흑인 등 유색 인종이 많은 선거구에서 그 사례가 매우 많았다. 이는 바뀐 선거법이 투표 억압법이라는 것을 보여 주는 것이며, 공화당의 선거법 개정 작업은 바로 이 점을 노렸다는 것이 전문가들의 지적이다. 무엇보다 선거 결과를 둘러싸고 양당 지지자들 간에 무장 충돌이 벌어지지 않을까도 우려된다. 물론 무장 충돌이 벌어진다 해도 신속하게 진압되겠지만, 문제는 범위와 정도가 아니라 발생 자체가 큰 충격이라는 점이다. 미국의 앞날에 커다란 어려움이 드리워져 있는 것이다.

물론 공화당의 계획과 의도가 순조롭게 달성되거나 반드시 그들에게 유리한 결과를 낳을 것이라고만 보기는 어렵다. 법원과 언론이 일정한 역할을 하고 있을 뿐 아니라 투표를 어렵게 만든 법 조항은 공화당 지지자들에게도 적용될 것이기 때문이다. 그러나 현재 진행되고 있는 공화당 주도의 '미니 쿠데타'들이 쌓이고 제도화되어 그 힘을 발휘한다면 예상치 못했던 정치적·사회적 분열과 갈등을 초래할 가능성은 충분하다. 민주주의의 뜻이 사라진 선거는 정치적 재난이다. 정치 위기에 대한 우려가 과장이라는 지적도 있지만 개악된 선거법 속에서 사람들이 느끼는 정치적 무력감, 민주적 절차에 대한 환멸 같은 것은 민주주의의 위기와 약화를 낳는 지름길이다. 그것이 권위주의적 사회와 국가로 이어지는 하나의 경로라는 점에서 상황은 전혀 간단치 않다.

미국 정치의 위기

공화당을 정상적 정당으로 간주할 수 없다는 지적은 이미 오래전에 제기되었다.[80] 공화당은 역사를 사유하거나 사회를 성찰하는 학습을 엘리트주의

---

80 T. Mass and N. Ornstein, *It's even worse than it looks: How the American constitutional system collided with the new politics of extremism* (NY: Basic Books, 2012).

적이라며 경시하거나 심지어는 야유하는 반지성적 전통을 키워 왔다. 반지성의 전통 때문에 공화당은 부정과 냉소의 정신 상태에 익숙하다. 깅그리치가 그랬듯 심지어 동료 의원들의 비리를 확대 재생산하여 의회의 명예를 추락시키고 여론의 비난을 이끌어 내고 상대 당에 책임을 전가하는 책략도 거리낌 없이 동원한다. 이렇듯 비난과 분열의 정치에는 능하지만 해결과 통합의 정치에는 거의 관심을 두지 않는다. 정책 반대에는 능하지만 정책 수립과 집행의 영역에서 그들의 역량은 빈곤하다. 극단적 이데올로기를 신봉하는 정당으로 합리적 정책 수립과 논의 과정을 무시하는 것은 물론 협치라는 의회정치의 틀 자체를 조롱한다. 최근 팬데믹 시기의 대응에서 드러나듯 공화당은 사실과 증거, 과학을 외면하는 변방의 무뢰배 같은 집단이 되었다. 극우화된 보수는 진보의 이데올로기와 정책을 부정과 제거의 대상으로 삼을 뿐, 비판적 극복의 대상으로 간주하지 않는다. 작금의 공화당은 국가의 미래 비전, 정책 대안과 의제를 제시할 역량을 상실했다. 공화당과 미국 보수는 자유와 경제, 안보와 종교 등을 구호와 전술의 차원에서만 앞세울 뿐, 무엇을 위한 자유이며 경제인지, 무엇을 위한 안보이며 종교인지 궁극적 비전을 제

2015년 5월,
아이오와주 디모인에서 열린
공화당 링컨 만찬에서
연설하는 트럼프.
Gage Skidmore
(CC BY-SA 2.0)

대로 제시하지 못하고 있는 것이다.

새삼스러운 질문이지만 보수가 왜 문제일까? 권위주의 집단이 될 가능성이 높기 때문이다. 이유는 차별과 배제를 근간으로 하는 비민주적 엘리트 지배 체제를 소망하고 기존의 권력 질서를 유지하려 하기 때문이다. 또 보수는 부패 집단이 될 가능성이 높다. 권력을 유지하려고 가능한 한 모든 방책을 동원하기 때문이다. 극우는 더욱 위험하다. 정치적 규범을 잃어버렸거나 아예 규범 자체에 대한 사고가 부재하기 때문이다. 이미 지적했듯 극우란 극단화한 보수를 의미한다. 반공주의, 권위주의, 국수주의, 인종적 우월주의, 반평등주의, 가부장적 남성주의, 종교적 근본주의 등의 이데올로기를 품고 있다. 이 때문에 극우는 합리적 사회 규범을 무시하고, 민주주의를 조롱하며, 대신 폭력적인 권위주의 체제를 만들고자 한다.

공화당의 추락과 트럼프 현상에서 보수의 극우화와 권위주의의 도래를 우려하는 경고가 잇따르는 것도 기우는 아니다. 또 우파 정권들이 등장하는 유럽에서 권위주의가 문제 되고 있는 것도 마찬가지이다. 민주주의의 위기가 세계적 현상임을 보여 주는 것으로도 해석된다. 그렇다면 귀환하는 권위주의의 실제 모습은 어떤 것일까? 미국의 경우 그것은 공화당이 주도하는 극우 보수의 지배 체제이다. 좀 더 구체적으로 말하면, 공화당의 다수당 지배 체제, 근본주의 기독교 도덕 사회, 백인 중심의 인종 차별적 위계질서, 국가와 자본이 결합한 기업 중심 체제 등을 의미한다. 사정이 이러할 때 민주주의와 공동체, 경제 정의에 대한 사회적·정치적 호소가 힘을 가지기는 지난한 일이다. 지금의 세계가 위태롭다면 그 이유 중 하나는 극우 보수의 권위주의와 그에 따른 민주주의의 쇠퇴에 있다. 미국은 그 최첨단의 위기를 보여 주는 적나라한 사례다.

폭력에 가까운 언행을 일삼는 공화당의 정치 행태는 앞서 언급했듯 1990

년대 들어 본격화되었다. 국가의 권위주의와 자본의 권위주의를 핵심으로 하는 신보수-신자유주의 이데올로기가 확산되는 시대였다. 비민주적 권위주의 이데올로기 시대에 들어서면서 정치와 경제를 규제하는 이론적·도덕적 틀은 빠르게 허물어졌다. 보수 집단은 권위주의 이데올로기에 포획되었고, 그 이데올로기를 제어해야 할 진보 세력은 취약했다. 미국 정치의 위기는 여기에 기인하며 위기를 낳은 힘의 불균형은 지금도 여전하다. 트럼프 현상은 이 위기의 정치 풍경을 보여 주는 음울한 징후다. 이런 점에서 미국 정치의 위기는 신보수-신자유주의 체제의 문제이면서 동시에 취약한 진보 세력의 문제이기도 하다. 취약한 진보 세력의 문제는 어제오늘의 문제가 아니며 진보 세력 스스로의 문제만도 아니다. 그것은 진보 정치의 전통을 제대로 세울 수 없었던 미국 사회의 구조적 한계에서 비롯된 것이다. 이 구조적 한계는 보수 편향성을 내장하고 있는 미국 역사의 산물이다.

좀바르트의 질문

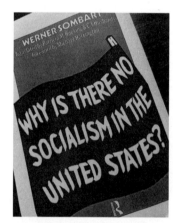

베르너 좀바르트의 책. 1판은 1906년 독일에서 출간. 지금도 미국 예외주의 문제를 다룬 중요한 저작 중 하나로 꼽힌다.

이런 맥락에서 '미국에는 왜 사회주의가 없는가?'라는 질문이 큰 울림을 가진다. 이 질문은 일찍이 지난 1906년, 독일의 사회학자 베르너 좀바르트 Werner Sombart가 던진 것이다. 그것은 미국 사회의 보수 편향성, 나아가 미국의 한계 또는 역설에 대한 물음이다.

유럽의 경험은 사회주의가 자본주의

의 발전 과정에서 당연한 반응으로 등장하는 것임을 보여 주었다. 그렇다면 엄청난 규모와 속도로 자본주의가 성장한 미국은 사회주의 발전의 모범 사례가 되었어야 할 것이다. 그러나 실상은 그렇지 못했다. 왜? 좀바르트의 답은 이렇다. 첫째, 보수 양당제로 굳어진 정치의 틀에서 사회주의 정당 같은 제3의 정치 조직이 성장하기 어려웠다. 둘째, 19세기 말부터 20세기 초까지 소위 '진보의 시대(progressive era)'에 시행된 여러 개혁 프로그램, 특히 테오도르 루스벨트 대통령의 정책이 당시 자유방임형 거대 자본주의의 폐해를 일정하게 제어했다. 셋째, 미국 노동자들의 소득 수준이 유럽에 비해 상대적으로 높고 따라서 생활의 질도 높았다. 넷째, 미국의 노동자들은 신분 상승에 대한 희망과 기대를 가지고 있었기 때문에 굳이 계급 투쟁을 전개해야할 동기가 부족했다. 다섯째, 초창기의 노동 운동이 미국이라는 넓은 지역에 흩어진, 서로 다른 인종적 배경과 문화와 언어의 차이를 품은 노동자들을 한데 엮기 어려웠다. 이런 배경에서 미국에는 유럽과 달리 강한 사회주의 조직과 정당이 만들어지지 못했다는 것이다.

상당한 설득력이 있지만, 미국의 노동 운동사나 사회주의, 나아가 공산주의 정당사 등을 살펴보면 좀바르트의 주장은 상당 부분 허물어진다. 남북전쟁이 끝난 후 미국은 한편으로는 노예 해방을, 또 다른 한편으로는 2차 산업혁명이라는 커다란 변화를 맞이했다.[81] 변화를 계기로 어떤 사회를 만들 것인가는 미국인들에게 주어진 커다란 과제였다. 이즈음부터 미국의 진보적 사회 운동, 정치 운동이 성장하기 시작한다. 미국에서도 유럽과 시기적으로

---

[81] 1차 산업혁명이 18세기 중반 영국에서 시작된 증기 기관이 상징하는 동력 혁명이라면, 2차 산업혁명은 전기·철강·화학 산업 등이 상징하는 중화학 분야의 대혁명을 지칭한다. 1차 혁명의 주역이 영국이라면, 2차 혁명의 주역은 미국이고, 미국의 세계적 패권은 이때부터 그 토대를 쌓기 시작했다.

큰 차이 없이 노동 운동, 사회주의 정당 운동이 전개되었던 것이다.[82] 그럼에도 미국 사회의 기본 질서는 달라지지 않았다. 흑인들은 여전히 '짐 크로' 법이 자행하는 억압과 차별의 대상이었고, 노동자들은 번성하는 자본의 위력 앞에 발언권 없는 약한 존재들이었다. 진보 운동 내부의 이론적·조직적·전술 전략적 분열이 여기에 책임이 작지 않지만, 더 큰 이유는 정부와 기업, 언론의 전방위적 탄압이었다. 연방 정부는 짐 크로를 묵인했고, 기업은 사실상 자유방임 상태였다. 정부와 기업과 언론은 약자들의 권리를 위해 투쟁하는 사회주의자, 공산주의자, 노동 운동가 들을 불온한 사상에 물든 불순분자로 몰아붙였다. 미국을 전복하는 세력, 사회 질서를 어지럽히는 집단으로 채색한 것이다.

그럼에도 1901년에는 철도 노조 위원장 출신의 유진 데브스Eugene Debs를 당수로 하는 미국 사회당이 창당되었다. 몇 년 전에 만들어진 사회민주당의 후신으로 당수인 데브스는 여러 차례 사회당 후보로 대선에 출마했으며, 1912년에는 일반투표의 6퍼센트를 차지하는 대중적 성공을 거두기도 했다. 당시 미국의 사회당은 11만 명이 넘는 당원을 가진, 국제적으로도 가장 큰 사회주의 정치 조직 중 하나였다. 사회당은 이즈음 2명의 연방 하원 의원, 수십 명의 주 의원, 100여 명의 시장 그리고 많은 지역에서 선출직 공직자들

---

82 노동절을 의미하는 메이데이가 미국에서 기원한다는 점은 미국의 노동 운동이 결코 취약한 것만은 아니었음을 보여 준다. 1886년 하루 8시간 노동을 요구하는 시위와 파업이 미국 전역에서 전개되었다. 그런데 시카고에서 파업 중인 노동자들에게 경찰이 총격을 가해 여러 명의 사상자가 발생했고, 다음 날 노동자들의 항의 집회 도중 폭발 사고가 발생한다. 경찰관과 시민 등 많은 사람이 죽거나 다쳤다. 범인을 잡지 못한 경찰은 노동 운동 지도자들을 대대적으로 체포, 그중 다섯 명은 사형, 한 명은 자살, 나머지 세 명은 국제적 항의 운동으로 석방되었다. 이후 1890년부터 매년 5월 1일, 사태를 기념하는 행사가 열리면서 그날이 메이데이로 정해졌다.

을 배출했었다. 또 그즈음 오클라호마주에는 사회주의 계열의 주간지만 11 개가 발행되었다. 한편 1919년 사회당에서 분리·창당한 미국 공산당은 노동 운동의 성장에 중요한 역할을 했을 뿐 아니라 특히 뉴딜 시대, 루스벨트의 정책이 내실 있게 추진되도록 노동자들의 지지와 참여를 이끌어 냈다.

붉은 공포

다시 말하면 미국의 노동 운동, 사회주의 나아가 공산주의 운동은 뉴딜이 라는 사회 체제를 만들어 내는 씨앗 또는 촉매 역할을 수행했다. 그러나 그 이상으로 나아가지 못했다. 단도직입적으로 이유를 말한다면 그것은 미국 사회를 사로잡았던 '붉은 공포' 때문이다.

20세기 들어 미국 정부는 두 차례에 걸쳐 급진 세력—노동 운동가, 사회 당·공산당 관련자들— 을 대대적으로 탄압했다. '붉은 공포(red scare)'라 불 리는 1차 탄압은 1919~1920년, 2차는 1940~1950년대에 벌어졌고, 그때마 다 대규모의 체포와 재판, 의외의 증언과 투옥, 해고와 국외 추방 사태가 벌 어졌다. 당시 수사를 지휘한 법무장관 이름을 따 '팔머 대탄압(Palmer raid)' 이라고도 불리는 1차 붉은 공포는 사회당이 주도한 1차 대전 참전 반대 운 동에서 비롯되었다. 윌슨 행정부는 전쟁 참여를 반대하거나 적을 이롭게 하 는 활동을 금지하고 이를 어길 경우 스파이 혐의로 처벌하는 법을 제정했다. 사회당이 여기에 걸려들었고 대표인 데브스도 재판을 받고 수감되었다. 2차 붉은 공포는 냉전 시대 미 의회의 반미활동조사위원회와 매카시 상원 의원 의 청문회 그리고 1954년 제정된 '공산주의 통제법(Communist control act)' 등이 상징하는 '반공주의 태풍'이다. 공산주의자들이 도처(예: 할리우드 영화

산업)에서 암약하고 있으며 소련의 스파이가 미국 정부는 물론 심지어 군대 내부에서도 암약하고 있다는 주장이 난무했다. 한편 법원은 폭력적 국가 전복 조직을 막기 위한 조처라는 판결로 공산주의 통제법의 정당성을 인정해 주었다. 이런 과정 속에서 미국 진보 정치 운동의 명맥은 1950년대 말 사실상 끊어졌다.

20세기 초중반, 1·2차 세계대전과 미·소 간의 냉전 경쟁이 전개되는 와중에 정부(예: FBI와 법원)와 정당(예: 공화/민주), 기업(예: 전미 제조업 협회 NAM: National Association of Manufacturers)과 교회(예: 남침례회 교회들)와 언론(예: 허스트 계열 신문들) 등이 사실상 한 몸이 되어 노동조합, 사회주의, 사회당, 공산당의 활동을 방해·탄압했고, 악의적 여론을 조성했다. 이를 주도적으로 실행에 옮긴 대표적 단체는 정부와 광고업계 등의 후원으로 1941년에 만들어진 '미국 홍보협의회(Advertising Council)'이다. 협의회는 1940년대부터 1950년대까지 출판물과 영상 등을 통해 미국 사회의 우수성, 미국 자본주의 체제의 효율성을 지속적으로 홍보했다. 미국 방식의 정치와 경제 체제를 정당화하고 사회주의, 공산주의 또는 소련을 악마화하는 내용의 심리적 냉전이었다.

냉전 시대를 상징하는 두 인물, 케네디와 흐루쇼프 일러스트레이션. Ruby Jennings (CC BY-SA 4.0).

또 대기업과 그들이 세운 재단들은 대학과 연구소 등을 재정적으로 지원하면서 오늘날까지도 자유 경제, 자유 기업의 논리와 정책을 생산하고 새로운 세대를 교육시키는 후원자 역할을 해 오고 있다. 이 같은 활동을 통해, 공화당과 보수주의자들은 사람들의 관심을 돌리거나 진실을 왜곡하는 선전용어로 '공산주의', '사회주의'를 끊임없이 동원한다. 이 때문에 사회주의자, 공산주의자는 거의 종교적 파문 또는 저주의 낙인 효과를 가진 용어가 되었고 그것은 지금도 여전하다. 사회주의는 정부에 의한 통제 경제를 의미한다든가, 근면한 노동 대신 게으름을 조장한다든가, 정부에 의존하는 복지병을 심화시킨다든가 하는 식이다. 이런 배경과 맥락에 비추어 본다면 '왜 미국에는 사회주의가 없는가'라는 질문보다 '미국은 왜 진보 세력을 이토록 강하게 탄압했는가'라는 물음이 더욱 정곡을 찌르는 물음이다.

아메리카니즘

기실 미국의 역사는 오늘날 보수주의를 구성하는 요소들이 미국의 시작과 함께해 왔음을 말해 준다. 건국 당시부터 이미 현대 보수주의자들이 내세우는 주장이나 논리와 유사한 맥락에서 연방 정부의 역할과 크기, 권한의 범주, 세금 제도나 외교 정책에 대한 연방파 대 분권파의 대립이 있었다. 또 오늘날 보수 기독교가 내세우는 윤리적·도덕적 주장도 미국 사회에서 일찍부터 지속되어 왔다. 그뿐 아니라 개인의 절대적 자유, 기독교 신앙에 기초한 선민의식, 인종주의 등 작금의 미국 보수를 추동하는 핵심 관념들 역시 건국 초기부터 미국 정치를 이끌어 온 이데올로기 중 하나다. 정치학자 권용립 교수는 이를 '보수적 아메리카니즘'이라는 개념으로 설명하면서, 그것이 오

늘날까지도 미국 보수의 한계를 규정하는 근본적 토대라고 지적한다.[83]

미국의 건국은 18세기 계몽주의의 정치적 산물이다. 주지하다시피 미국의 근본 이념은 자유—사상의 자유, 표현의 자유, 경제의 자유, 종교의 자유, 개인의 자유 등등—이다. 정치·경제적으로 영국의 간섭과 제약을 받던 아메리카 신대륙의 이주민들에게, 또 종교적 탄압을 피해 신대륙으로 이주한 정착민들에게 자유의 메시지는 극히 당연한 것이었다. "모든 세대, 모든 시대에 가장 중요한 가치는 자유이다, 자유라는 나무는 피를 먹고 자란다"와 같은 토머스 페인Thomas Paine의 열광적 웅변이 아메리카에서 큰 공명을 일으킨 것은 그러한 역사적 배경에서 가능했던 일이다.[84]

그런 점에서 미국은 당대의 기준으로 진보적인 국가였다. 역설적인 것은

---

83 권용립, 『미국의 정치 문명』 (삼인, 2019).
84 페인(1737~1809)은 혁명가이자 발명가인 동시에 저널리스트였다. 그의 정치관은 왕정과 귀족 체제를 인정하지 않는 것은 물론, 오늘날의 사회민주주의와 유사할 만큼 당시로서는 급진적이었다. 영국인으로 태어나 미국혁명에 기여한 '건국의 아버지들' 중 한 사람이며 동시에 G. 워싱턴, B. 프랭클린 등과 함께 프랑스혁명에 기여한 공로로 프랑스 시민권을 부여받았고, 프랑스 의회 의원으로 당선되기도 했다. 그는 『상식론(Common Sense)』이라는 책을 출판, 미국 혁명의 필요성과 의미를 알기 쉽게 서술함으로써 독립전쟁의 대중적 정당성을 확보하는 데 크게 기여했다. 또 왕정과 귀족제를 인정하는 E. 버크가 프랑스혁명의 파괴적 양상을 비판하는 책을 펴내자, 페인은 '프랑스혁명을 비판한 버크를 비판한다'라는 제목의 책을 출판하기도 했다. 이후 페인은 로베스피에르에 의해 체포되어 기요틴 형을 받을 뻔했으나 감옥 관리의 실수로 처형을 모면하는 행운을 누리기도 했다. 나폴레옹이 그를 일컬어 '혁명의 전도사'라 부르기도 했지만 말년의 페인은 쓸쓸했다. 그는 자신이 프랑스 감옥에 갇혀 있을 때 관심을 기울이지 않은 워싱턴 대통령을 신의와 원칙을 저버린 인물이라고 거침없이 비판했다. 또 페인은 합리적 관점에서 기독교에 대해 가차 없는 비판을 쏟아냈다. 워싱턴과 기독교 비판 그리고 그가 주창한 사회민주주의적 제도(예: 시민 저항권의 인정, 누진세, 공교육의 도입, 국방 예산 폐지 등)는 당시의 맥락에서는 급진적인 것이었다. 그의 장례식에는 고작 6명의 조문객만이 참석했다고 전해진다. 2009년 사망 200주기를 맞아 뉴욕에 있는 그의 기념관에서 치러진 행사에도 참석자는 극히 적었다. 그러나 그의 책은 정치인과 지식인들에게 아직도 큰 울림을 제공한다는 평가를 받고 있다.

이 지점에서 미국의 한계가 드러난다는 점이다. '보수적 아메리카니즘'이라는 문제의식은 여기에서 출발한다.

첫째, 자유의 문제다. '자유 아니면 죽음을 달라'고 할 만큼 미국에서 자유는 생명만큼이나 중요한 가치다. 자유는 그들에게 무엇보다 '타자로부터의 해방', '제도적 억압으로부터의 해방'을 의미한다. (나의) 표현의 자유, (나의) 종교 활동의 자유, (나의) 총기 소유의 자유, (나의) 기업 활동의 자유 같은 것들이다. '나'를 중심으로 하는 배타적 성격의 자유다. 문제는 타자의 자유를 경시하는 '나'의 자유가 독단적이며 파괴적이라는 점이다. 개인과 공동체의 안전과 이익을 위해 자유가 제한되는 것은 그 때문이다. 즉, 자유는 상호 지향적이며 개인의 차원을 넘는 공동의 가치인 것이다. 그러나 차별과 경제적 불평등의 구조 속에서 자유는 강자의 것이 되고 사회는 억압의 틀로 기능한다. 개인과 공동체 모두의 자유를 실현하기 위해 국가의 개입이 요구되는 이유가 그 때문이다. 그럼에도 미국에서 그러한 의미의 자유는 상대적으로 불온하고 낯선 사고방식이다. 더욱 역설적인 것은 자유가 미국에서는 오히려 강제의 도구로 재탄생한다는 점이다. 국가로서의 미국은 일종의 결사체다. 결사체는 구성원들에게 조직의 신조나 강령에 동조할 것을 요구한다. 여기에서 어긋나는 것은 반(비)미국적이다. 다시 말해 미국에서 인정받을 수 있는 자유는 범주도 내용도 불확실한 반(비)미국적이지 않은 내용과 수준의 것뿐이다. 2차 대전 직후 '반미활동조사위원회' 같은 의회 조직이 만들어지거나, 공산당을 아예 불법·폭력 조직으로 간주하는 법이 제정됐던 것도 이 같은 사상적 왜곡에서 가능했던 일이다. 예를 들어 영국이나 프랑스 같은 나라에는 반(비)영국적인 또는 반(비)프랑스적인 사상이나 행위라는 개념 자체가 없다.[85] 오랜 역사적 전통 속에서 다양한 요소들의 이합집산 속에서 형성된 국가이기 때문이다. 진보적 이념으로서의 자유가 보수적 억압의 도구로 얼마든지 왜곡될 수 있음을 보여 주는 생생한 현장이 미국이다.

둘째, 평등의 문제다. 1776년 미국의 독립선언서는 "모든 인간은 평등하게 태어났다(All men are created equal)"라고 선포했다. 그러나 여기에서 말하는 '모든 인간'은 백인 남성을 가리키는 용어였지 노예, 흑인, 여성 같은 약자들에게 해당되는 것은 아니었다. 건국의 아버지들은 이를 모순이라고 생각하지 않았다. 특히 흑인 노예 문제는 잔혹한 제도이자 굴레였다. 위 문장을 쓴 토머스 제퍼슨Thomas Jefferson은 정작 노예 농장주였으며, 노예와 관계하고 그 노예가 아이까지 낳았음에도 흑인과 백인은 함께 살 수 없는 인종이라 생각했다. 흑인 노예는 60퍼센트만 인간으로 계산되거나, 팔고 사는 물건 또는 재산으로 취급되었다.[86] 또 '모든 인간'이란 개인과 함께 식민지 미국 전체를 지칭하는 용어로, 미국인들도 다른 나라 사람들과 마찬가지로 국가와 정부를 세울 권리가 있는 집단이라는 뜻이었다. 실제 이들은 능력이나 성품에서 차이를 품고 태어나기 때문에 인간을 모두 동일한 능력을 갖춘 동일한 인

---

85 S. M. Lipset, *American exceptionalism: A double-edged sword* (NY: Norton, 1996).

86 건국 헌법 논의 과정에서 흑인 노예는 큰 문제였다. 노예를 인간으로 보는가 아니면 재산으로 보는가에 따라 정치 구조와 세금 계산 기준이 달라지기 때문이었다. 인구 센서스에 기반해 연방 하원 의원의 숫자를 조정하는데, 흑인 노예를 어떤 존재로 규정하느냐에 따라 숫자가 달라지고, 그에 따라 의회의 권력 지형도가 달라지는 정치 구조의 문제는 극히 중요한 것이었다. 다른 한편 노예는 사유 재산으로 간주되었기 때문에 그에 따른 세금을 납부해야 했다. 이 문제에 대해 남부 노예주와 북부 자유주는 입장을 달리했다. 본래 노예를 재산으로 취급했던 남부는 정치적 대표성 문제에서만큼은 사람으로 취급해야 한다고 주장했다. 반면, 북부는 흑인 노예는 재산이기 때문에 정치적 대표성과는 무관한 존재라는 입장이었다. 논란 끝에 북부와 남부는 60퍼센트 계산치에 합의한다. 쉽게 말하면 5명의 흑인 노예는 투표권을 가진 3명의 시민으로 계산한다는 것이다. 따라서 남부는 자유민 인구 대비 더 많은 정치적 권력을 획득한 셈이다. 그로 인해 더 많은 연방 세금을 내야 했지만, 정치·경제적 이득이 훨씬 높은 제도를 남부의 농장주들이 거부할 이유는 없었다.

격체로 간주할 수 없다고 생각했다. 이 때문에 각자에게 주어진 자유로운 기회의 결과를 강제로 평등하게 만들 수는 없고 따라서 평등이 자유에 앞서는 것은 아니었다. 달리 말해 자유의 결과로 빚어지는 불평등은 받아들여야 한다는 것이었다. 이처럼 제한적인 평등주의는 미국의 건국과 함께하는 개인적·집단적 정신의 규율이었다.

세 번째는 기독교 문제다. 기독교가 미국인들에게 부여한 개인과 집단의 정체성, 그 이면에는 예외적 존재로서의 미국과 미국인 그리고 백인종주의가 배태되어 있다. 기독교는 미국인들에게 자신들이 신에 의해 선택받은 민족으로, 신대륙의 언덕에 '새로운 이스라엘'이라는 도성을 건설할 의무를 가졌다는 믿음을 심어주었다. 미국은 신의 섭리에 따라 세계를 지도하는 국가로 선택되었고, 구성원들은 그리로 나아가는 십자군의 사명을 띤 존재였다. 세계에 빛을 던지는 하나님의 신민이자 전 세계를 자유와 진리의 빛으로 비추는 나라라는 믿음은 이들에게 문명적 차원의 사명감을 고취했다. 한편 미국의 기독교는 미국의 원죄인 노예 제도에 침묵하거나 이를 인정함으로써 음으로 양으로 백인종주의를 품에 안았고 그 때문에 교회도 남과 북으로 갈라졌다. 특히 남북전쟁 이후 남부의 교회는 '문명의 상실'이라는 지역 사회 저변에 깔려 있는 백인종주의에 기초한 남부의 신화를 만들고 유포시키는 이데올로기 공장의 역할을 수행했다. 미국 보수의 토대를 구성하는 요소 중 하나인 인종주의는 오늘날까지 이런 식으로 유지되어 왔다. 인종과 계급, 지역과 신분을 초월하는 공공적 존재로서의 종교가 오히려 제국적 미국이라는 독선을 키워 왔고, 보수·극우 정치의 대중적 기반이 된 것이다.

이와 같은 미국의 이념적 한계 속에서 번성할 수 있었던 것은 자유주의, 개인주의, 자본주의, 미국 우월주의, 백인종주의 같은 이데올로기뿐이었다. 평등을 더욱 강조하는, 예를 들어 사회주의나 공산주의는 비미국적인 또는 반미국적인 가치에 속하는 것이기 때문에 축출되거나 억압되었다. 복지 정책이나 노동조합 같은 것 역시 개인의 책임을 사회에 떠넘기거나, 집단의 힘으로 개인의 자유를 위협하는 비미국적인 것, 반미국적인 것이었다. 노예 해방, 민권 운동 등은 미국의 신조에 반하는 것으로 내전까지 불사하는 격렬한 반대를 불러일으키는 뜨거운 이슈가 되었다. 이처럼 진보적인 미국은 동시에 매우 보수적인 미국이기도 했다.

미국의 역설

미국은 애초부터 이런 역사적 편향과 한계 속에서 성장해 왔다. 출발은 당대의 기준으로 진보적이었지만 그 내부에 이미 모순을 품은 채 작동하고 있었다. 자유는 오히려 일종의 독재로 기능하고, 평등은 편의적 해석을 통해 차별적으로 적용되었다. 교회가 던지는 도덕의 메시지는 개인적 차원에 머물렀다. 미국 예외주의는 제국적 팽창을 정당화하는 생각의 출발점이었고 교회는 역설적으로 백인종주의의 온실이 되기도 했던 것이다. 진보는 보수의 씨앗을 이미 품고 있었고 그것이 보수 편향적 궤적을 밟아 온 미국의 한계 또는 미국의 역설이었던 셈이다.

절대적 가치로서의 자유, 위계질서 속의 평등, 우월한 문명국가로서의 미국, 신의 섭리를 구현할 존재로서의 백인 같은 인식이 품은 독선적 사고와 배타적 행태 같은 것들은 초기 미국의 정치적·사회적 이념을 구성한 핵심적 요소이다. 이것이 '보수적 아메리카니즘'의 고갱이이고, 보수적 아메리카니즘이란 "정치적 보수성과 종교적 보수성을 실천하는 백인 공화국의 정체성"을 지칭한다.[87] 정치적 보수성은 앞서 설명한 자유와 평등 이념의 한계를, 종교적 보수성은 거의 근본주의적 성향의 복음주의 기독교를 의미한다. '보수적 아메리카니즘'은 미국식 사고를 규정하는 원료로서 자본주의와 민주주의 이외의 것을 적대시하는 토대이기도 했다. 사회주의, 공산주의 같은 것은 미국을 위협하는 사상이었고 예를 들어 노동조합은 그것을 구현한 현실적 악마(?) 정도로 묘사되며 과장되거나 왜곡되었다. 다른 어떤 논리를 떠나 그것들은 정서적으로 '반미국적인 것'이었다. 공식적이든 비공식적이든 미국 사회가 진보 세력을 강하게 탄압했던 이유의 핵심은 바로 그것이었다. 안타까운 것은 진보 정치의 전통이 취약하여 보수주의가 내실 있게 성장하는 자극제로 기능하지 못했고 그것이 보수주의의 극단화로 이어지는 하나의 경로였다는 점이다.

이렇게 본다면, 권용립 교수가 지적하듯 미국의 보수주의 운동은 위계질서 체제인 '보수적 아메리카니즘'에 토대를 둔 '백인 공화국으로 회귀하려는 운동'이라고 해도 틀린 것은 아니다. 그러한 정치적·사회적 한계 속에서 진보는 보수의 과잉을 제어하는─예를 들면 자본주의 체제에서 나타나는 자본 과잉, 자본 편향의 문제를 개선하는─데 머무를 수밖에 없었고, 상대적으로 미국 보수는 자유지상주의, 국가 최소주의, 미국 우월주의, 백인종주의, 기독교 근본주의 등이 점차 강화되는 길을 걸어왔다. 그 길은 트럼프를 낳았고 1·6 쿠데타의 원동력이 되었으며 공화당을 극우 노선으로 압박했고 그만큼 미국 정치에 어두운 그림자를 드리우고 있다.

---

87 권용립, 『미국의 정치 문명』, 8~9쪽.

9

결어

미국의 보수, 나아가 진보는 현재의 난국을 어떻게 헤쳐 나갈 것인가.
공화당은 합리적 보수로의 전환, 민주당은 민주사회주의로의 진화이다.
궁극적 대안은 그 둘의 중간 타협점일 것이다. 그러나 이정표는 아직 흐릿하고 갈 길은 멀다.

지금까지 공화당으로 대변되는 미국 보수의 성장과 변질의 과정을 긴 호흡으로 들여다보았다. 그리고 미국사의 궤적을 거슬러 오르면서 미국 사회의 근원적인 보수성, 그 안에서 빚어질 수밖에 없는 정치 위기의 기원도 살펴보았다. 미국 보수의 성장과 변질의 과정, 그 경과를 한마디로 요약하면 '보수에서 극우로의 추락'이다. 앞선 논의를 되새겨 볼 때 추락의 이유는 내·외부적 요인에 의한 두 개의 함정 때문이다. 하나는 공화당과 미국 보수가 빈곤한 국가 미래 비전과 통치 어젠다 속에서 권력 획득을 위해 진력해 온 정치적 욕망의 함정이다. 또 하나는 보수의 항체로서 자리 잡았어야 할 진보의 이데올로기와 정치 세력이 의미 있게 발전하지 못한, 또 그런 성장의 궤적을 억압한 미국 역사의 한계라는 함정이다.

공화당과 미국 보수가 지금도 내세우고 있는 정책들, 예를 들면 작은 정부론, 감세 성장론, 탈규제론, 안보 강경론 등은 이미 1960년대부터 나온 것들이다. 일관성 있어 보이지만, 내용적으로는 과거의 반복에 불과하다. 정책의 효과과 의미에 대한 비판이 있었음에도 성찰과 반성이 부족하고 시대와 사회의 변화를 등한시하는 퇴행적 모습이다. 이미 말했듯 민주당을 일러 사상적으로 고갈되고 도덕적으로 무책임한 집단이라고 지적했던 보수주의자들의 비판은 이제 공화당과 신보수-신자유주의자들에게 향해야 마땅하다. 그들은 정치권력에 대한 욕망을 정당화하고, 자본의 이익을 위해 봉사하는 노골적 집단이 되고 말았다.

한편 미국 진보 정치의 역사와 경험은 빈곤하다. 논쟁의 여지는 있지만 미국은 건국 초기부터 보수 우위의 지평 속에서 나라의 길을 개척해 왔다. 진보는 정치적·사회적·경제적 탄압과 질시 속에서 고난의 행군을 할 수밖에 없었고 역사적 명맥 또한 단절되었다. 이 때문에 미국의 보수는 성숙한 비판과 실질적 역량을 갖춘 대안 세력과 마주했던 경험이 부족하다. 공화당이 몸집은 비대하지만 내부는 부실한 미성숙의 정치 집단으로 정체되어 있는 이유가 거기에 있다. 사정이 이러할 때 미국 보수의 추락은 필연적인 궤적이라고 할 것이다.

매카시즘과 트럼피즘

미국 보수가 미성숙한 정치 집단임을 보여 주는 여러 사례를 들 수 있지만 가장 적나라한 것은 '매카시즘'과 '트럼피즘'일 것이다. 역사학자 리처드 호프스태터Richard Hofstadter는 매카시즘을 '사이비 보수주의(pseudo-conservatism)'라 불렀다.[88] 그는 2차 대전 이후부터 1950년대 중반까지 미국 사회를 발칵 뒤집어 놓은 매카시즘 현상—폭력적 전체주의 경향과 과장된 불안, 분노, 증오의 표출 현상—을 설명할 수 있는 하나의 열쇠가 사이비 보수주의라고 생각했다.

사이비 보수주의의 내면에는 첫째, 냉전이라는 국제 정치적 배경에서 우러나온 피해망상적 공포심(paranoia)이 자리하고 있다. 적지 않은 미국인들은 1917년 러시아혁명 이래 반자본주의, 사회주의, 공산주의 이데올로기 추종자들이 미국과 세계를 전복시키고 공산 제국을 세우기 위해 끊임없는 음모를 꾸미고 있다는 공포 심리를 가지고 있었다. 대안은 적들의 분쇄였고 실천의 무기는 매카시즘이었다. 사람들은 매카시즘을 통해 공산주의자들의 미국 파괴 음모를 분쇄하고 있다는 사회적 성취감과 정신적 자신감을 채웠다.

---

88 R. Hofstadter, *The paranoid style in American politics and other essays* (Cambridge: Harvard Univ Press, 1965).

공포심의 또 다른 이면에는 신분과 위계질서가 점차 달라지는 사회 변화(예: 1950년대 풍요로운 경제 성장에 기초한 유색 인종과 이민자들의 정치적·사회적 지위 상승)에 대한 백인 집단의 불만과 우려 그리고 분노 등이 이 과정에서 탈락한 백인 집단의 열패감과 함께 크게 작용하고 있다고 호프스태터는 덧붙이고 있다. 그는 이를 '사회적 신분의 정치학(status politics)', 즉 풍요로운 사회에서 지위 상승에 성공한 집단 또는 지위 상승을 꿈꾸는 집단 모두 기존 체제에 위협적인 듯 보이는 일체의 사회적 움직임에 대해 가지는 적대적 태도라고 지적했다. 매카시즘은 이러한 타인 배제적 사회 현상의 하나라는 것이다.

호프스태터에 의하면 이들은 스스로를 보수주의자라 부르고, 보수주의적 용어를 사용하며, 보수주의적 주장을 내세우지만 실제 이들은 보수주의자가 아니라 사이비 보수주의자들이다. 이들은 자신들이 미국의 전통적 가치와 사회 체제를 수호하는 집단이라고 주장하지만, 전체주의적·권위주의적 성향을 띠면서 실제로는 미국의 민주주의를 위협하고 있기 때문이다. 이들은 전통적 보수주의가 강조하는 중용과 타협의 정신과는 거리가 먼 폭력적·획일주의적 고정관념의 소유자, 권위에 대한 굴종적 사고의 소유자들인 '증오 집단(hate group)'이다.

오늘날 미국 민주주의를 위험에 빠뜨린 요인으로 거론되는 '트럼피즘' 역시 21세기판 '사이비 보수주의'다. 극단의 사고방식과 행태를 보여 주는 적잖은 수의 미국인들, 특히 보수주의의 대중적 지지 기반을 구성하고 있는 근본주의 기독교도들, 백인종주의자들, 반여성주의자들, 반평화주의자들, 반노조주의자들, 나아가 반환경론자들이 품고 있는 심리 상태는 1950년대 매카시즘의 추종자들과 기본적 사고의 틀에서 다르지 않다. 많은 사람이 트럼피즘의 발생을 경제적 불안정 탓으로 돌리기도 하지만, 세계화와 금융화로 인해 사라진 일자리 문제와 이에 따른 경제적 불안은 인종을 넘어 모두를 망라하는 보편적 현상이라는 점에서 충분한 설명이 되지는 않는다. 그보다는 인종주의, 이민, 젠더 이슈 등으로 인한 백인들의 사회·문화적 불만과 불안감 그리고 그것을 백인 우월주의로 풀어내려는 심리가 트럼프 현상을 불러일으킨 요인이라고 많은 연구들은 설명하고 있다.

유념해야 할 것은 트럼프는 백인종주의를 만들어 내는 주도자가 아니라, 지지자들의 마음에 이미 잠재되어 있는 인종주의적 적개심을 자극하고, 풀어주는 역할을 하는 매개자라는 점이다. 즉, 트럼프를 지지한다는 것은 평시에는 공개적으로 드러낼 수 없었던 소수 집단에 대한 적개심을 표출하는 대리만족의 기제인 것이다. 역으로 말하면 '사악한 인종주의적 적개심'이 트럼프를 호출해 낸 것이라고까지 말할 수 있다. 트럼프는 이들에게 샤먼의 역할을 수행하는 자인 셈이다. 트럼프 지지자들을 일러 컬트 집단 같다고 하는 이유가 여기에 있다. 그나마 다행(?)스러운 것은 트럼프라는 특정 인물이 없었다면 그러한 현상도 나타나지 않았으리라는 것을 예상할 수 있기 때문이다. 사족이지만, 트럼프 현상은 한 사회에서 지배 엘리트들이 유포하는 담론과 행태가 가지는 사회적 파장의 위험성을 경고하는 가장 적확한 사례라고도 할 수 있다.

사회학자 앨리 혹실드Arlie Hochschild는 백인들이 품은 이 같은 심리적 불만과 불안감을 '마음에 쌓인 깊은 이야기'라고 불렀다.[89] 근원은 1960년대 이래 미국 사회에서 전개되었던 민권 운동, 빈민 운동, 여성 운동, 환경 운동, 평화 운동 등이 자신들보다 흑인, 빈민, 여성, 이주민, 성 소수자 등 타인들에게 더 많은 혜택을 제공하는 '역차별'이라는 생각에서 출발한다. 인종적·성적·경제적·문화적 약자와 소수자 들이 견뎌 온 차별과 억압의 역사

---

89 A. Hochshild, *Strangers in their own land: Anger and mourning on the American Right* (NY: The New Press, 2016).

와 구조적 편향은 외면하고, '나는 열심히 일하는데 그들은 내가 내는 세금으로 공짜로 특혜를 누리고 있다'는 관점이 타인과 사회를 바라보는 그들의 '주관적 프리즘'이다. 이 프리즘은 국가가 자신을 '이방인' 취급하고 있다는 부정적 심리로 이어지고, 스스로의 정체성에 대한 회의는 물론 타자에 대한 혐오와 두려움을 동시에 불러일으킨다. 이 같은 심리적 태도와 정서를 혹실드는 '마음에 쌓인 깊은 이야기'라고 부른 것이다. 문제는 이것이 사실을 외면하면서 합리적 판단을 방해하는 요인으로 작동한다는 점이다. 트럼피즘의 이면에는 이런 부정적 심리의 메커니즘이 작동하고 있고, 이것이 때로는 폭력적으로 분출되는 것이다.

매카시즘과 트럼피즘은 미국 보수, 나아가 미국민들이 품고 있는 야만적 얼굴을 노골적으로 드러낸다. 매카시즘과 트럼피즘은 전적으로 부정적인 것이지만, 그것은 우리에게 깊은 성찰의 과제를 던져 준다. 생각건대 미국 정치의 위기, 민주주의의 위기는 신보수-신자유주의 이데올로기의 문제이지만 동시에 진보 정치의 전통이 취약한 미국 사회의 한계, 나아가 보수 편향성을 내장하고 있는 미국사의 한계에서도 비롯된다. 그렇다면 오늘날 미국 정치가 당면한 위기는 미국이라는 국가와 그 역사에 대한 발본적 질문을 제기하는 계기이기도 하다. 그런 의미에서 작금의 위기는 공화당은 물론 민주당 그리고 미국민 누구에게나 해당되는 반성적 자기 성찰의 기회이다.

보수주의에 대한 성찰

이러한 맥락에서 상기해야 할 물음은 '보수주의란 무엇인가?'라는 것이다. 사실 정의 자체는 어렵지 않다. 보수주의는 급격한 변화를 제어하면서 기존의 정치·경제 체제와 사회 질서를 유지·강화하고자 하는 이데올로기로 정의된다. 즉, 보수주의는 진보·개혁의 이념이나 그에 기반한 사회 변혁 운동과 달리, 미래의 기획이 아니라 과거 그리고/또는 현재의 유지·확대를 위한 정치적 기획을 핵심 동력으로 하고 있다. 보수주의는 따라서 현재의 세계 외에 다른 세상을 꿈꾸지 않는다. 여기에 보수주의가 가진 가장 근본적 문제가 존재한다. 태생적으로 기존의 것들을 보호·유지하려 하기 때문에 보수주의자들에 의해 생산·유포되는 철학, 사고, 가치, 지성의 내용과 결과물은 기득권 세력에 이용되거나 수렴될 수밖에 없는 한계를 내포하고 있다. 이 때문에 보수적 사상의 깊이와 넓이는 상대적으로 좁을 수밖에 없다. 보수주의의 결정적 취약점이다.

그런데 보수주의를 이해하고자 할 때, 그것이 무엇인가보다 중요한 물음은 '왜 보수주의자들은 그러한 입장을 가지고 있는가?'라는 것이다. 이것은 보수주의의 세계관, 인간관 등 이념의 철학적 바탕에 대한 질문이기 때문이다. 물론 이에 대해 보수주의를 '이론'으로서가 아니라 '태도'로 이해하는 것이라고 지적하는 사람도 있다. 대표적인 인물이 하이에크다. 그는 1961년에 발표한 「왜 나는 보수주의자가 아닌가?」라는 에세이에서 보수주의를 '이론'이 아니라 '태도'라고 말하면서, 이 때문에 보수주의는 근본적으로 현실 추수적일 뿐, 현실을 해석하고 대안의 방향으로 이끌 논리나 원칙이 없다고 비판했다. 이런 점에서 자신은 보수주의자가 아니라고 말한 것이다. 그의 지적은 타당하다. 그러나 이데올로기는 추상적 이론과 그에 따른 논리만으로 구성되지는 않는다. 이데올로기에는 정치·경제적 분석과 비판적 프로그램뿐 아니라 주체의 세계관과 인간관도 반영된다. 그런 차원에서 추상의 이데올로기가 현실 세계의 인간과 이어진다. 이데올로기가 강하다면 그것은 정치적 강령과 함께 인간적 차원의 이야기를 품고 있기 때문이다. 그리고 그 부분에 이데올로기의 미덕이 존재한다.

그렇다면 보수주의자들이 가지고 있는 인간적 차원의 이야기는 무엇인가. 그들은 기존의 권력을 유지·강화하고자 하는 세속적 욕망의 존재들이다. 그러나 다른 한편 그들은 단단한 회의주의자들이다. 그들은 인간과 인간이 만든 정치적 조직체(예: 정당, 의회, 정부 등)가 이룩할 수 있는 것에는 태생적 한계가 있다고 생각한다. 인간은 본래 불완전한 존재이기 때문에 도덕적 이상을 실제의 정치적 기획으로 변환시키기 대단히 어렵다는 것이다. 그래서 보수주의자들은 진보주의자들이 실현하고자 하는 새로운 세상의 기획, 즉 혁명을 원천적으로 신뢰하지 않는다. 대신 보수주의자들은 법과 이성 같은 것을 넘는 종교와 도덕, 윤리, 전통과 같은, 사회와 개인을 지배하는 초월적 질서가 존재한다고 믿으며, 그것이 사회 질서를 유지하는 극히 중요한 요체라고 간주한다.

이처럼 보수주의는 인간에 대해 성악설에 가까운 비관적 관점을 지니고 있다. 그러나 여기에서 중요한 것은 인간의 불완전성을 알고 있기 때문에 오히려 보수주의자들은 절제와 신중함, 인간과 사회에 대한 겸허한 태도 등을 중요한 덕목으로 여긴다는 점이다. 그래야 사회가 저열한 나락으로 떨어지지 않기 때문이다. 그리고 그 때문에 보수주의자들은 협의와 타협, 질서와 전통에의 순응 등에 기초한 '한계의 정치'를 추진할 때 가장 바람직한 사회적 결과를 달성할 수 있다고 믿는다. 보수주의가 신중함과 절제의 철학을 강조하는 이유도 그것이다. '계몽 귀족이 다스리는 착한 정치 체제의 수립'으로 요약할 수 있는 E. 버크의 보수주의 사상 역시 일정 부분 이와 맞닿아 있다. 요약하면 '한계적 존재로서의 인간'이고 그러한 인식이 보수주의의 미덕이다.

그렇다면 진보적 이념의 미덕은 무엇일까? 그것은 인간이 가지고 있는 역량에 대한 믿음과 타인에 대한 신뢰이다. 진보주의자들은 인간이 가지고 있는 이성과 과학 그리고 합리적 판단 능력이 새로운 인간과 사회를 만들어 낼 수 있는 가능성의 토대라고 간주한다. 18세기 계몽사상과 유럽을 휩쓴 혁명 이래 사회주의, 공산주의 등의 개혁·진보적 이데올로기의 본원적 출발점은 '주체적 판단 능력을 가진 이성적 존재로서의 개인'이다. 인간은 새로운 세계를 세울 수 있는 혁명적 기획의 주체가 될 수 있다고 믿으며, 타인에 대한 신뢰, 공동체를 위한 연대 같은 것도 모두 이러한 '인간의 영웅적 가능성'에 대한 믿음에 기초한다. 개인으로서는 지극한 회의주의자일 수 있으나 집단으로서의 인간에 대한 무한한 신뢰, 이것이 기존의 사회 체제를 바꾸고자 하는 진보의 철학적 출발점이다. 인간의 선한 가능성을 믿고 그것의 실천을 향해 모두가 함께 역사의 발걸음을 내딛는 것, 즉 유토피아에 대한 질긴 열망은 바로 이 같은 인간관, 세계관에서 시작되며 바로 거기에 진보의 미덕이 존재한다.

진보의 이성은 동시에 배신의 이성이기도 했다. 포스트모던 철학자나 비평가 들이 지적하듯 현대의 고통은 많은 부분 이성의 배반에서 비롯되었다. 전통적 의미의 보수주의 역시 마찬가지다. 그것이 품고 있는 철학, 미덕 등은 현실에서 배반당한다. 보수는 대체로 위험하고 부패할 가능성이 높은 집단이고 실제로도 그러하다. 엘리트 지배 체제를 소망하고, 가능한 한 모든 자원을 동원하여 권력의 획득과 유지·확장에 집중하기 때문이다. 이것이 보수가 약자들의 운동과 저항을 혐오하고 억압하는 이유이기도 하다. 그러므로 비상한 도덕적 규범이 요구되지만, 실제 보수는 대체로 기득권을 수호하는 행태를 보여 주었다. 그 때문에 동서를 막론하고 현실의 보수는 미덕은커녕 자신들에 대한 불신을 스스로 조장해 온 것이다.

그럼에도 본래적 의미의 보수주의가 강조하는 관용과 정의, 명예와 노블레스 오블리주, 사회적 약자에 대한 가진 자들의 도덕적 의무 같은 것이 전적으로 이중적 위선이라고 할 수는 없다. 또 사유 재산권이나 기업의 행위에서 무제한적인 자유방임을 주장하지 않고 재산도 축적과 소유보다 베풂의 덕목을 실천하는 수단이라는 입장 역시 겉치레일 뿐이라고 간단히 물리칠 수는 없다. 현대 자본주의가 불러일으킨 문화적·사회적·정신적 재앙—소비주의, 물신주의, 이기주의, 저급한 대중문화 등—에 대해 가장 강력한 비판을 가하는 집단 중 하나가 오히려 전통적 보수주의자라는 점도 되새겨 보아야 한다. 이를 감안한다면 보수주의의 사회적 가능성은 '회의주의적 정신과 인간적 도덕의 규율' 같은 것에 있는 것이 아닐까. 그리고 그것이 보수주의와 보수 집단을 온전한 위치로 다시 세우는 중요한 동력이 되는 것이 아닐까 생각하게 된다.

앞날에 대하여

그렇다면 미국의 보수, 나아가 진보는 현재의 난국을 어떻게 헤쳐 나갈 것인가. 이는 보수뿐 아니라 미국의 진보 세력에 대한 논의까지를 포괄하는 매우 큰 질문이고 다른 연구 주제다. 여기에서는 거시적인 눈으로 미국의 역사를 조망하면서 가장 기본적 방향이 무엇일까에 대해서만 대략적 수준에서 언급하고자 한다.

1776년 건국 이래 250여 년 동안 미국은 기존 체제에 대한 도전을 통해 늘 한 단계씩 도약해 왔다. 어떤 도전을 그 같은 계기로 삼은 것인가에 대해서는 사람마다 다른 의견을 낼 것이다. 그러나 다음과 같은 네 가지가 미국 사회가 지금까지 겪은 핵심적 도전이었다는 데에 큰 이견은 없으리라고 믿는다.

1776년 건국 이후 미국이 직면한 가장 커다란 도전이자 첫 번째 도전은 남북전쟁이었다. 더 정확하게 말하면 노예제 철폐 운동이었다. 그것이 싹이 되어 급기야 1860년 모든 국민이 둘로 나뉘어 피와 상흔으로 얽이는 거대한 내전이 시작되었고, 전후 미국은 분열의 국가에서 통합의 국가로 나아가기 위한 고통의 걸음을 다시 시작했다. 이후 두 번째로 전개된 기존 체제에 대한 도전은 1930년대의 뉴딜이었다. 미국식 자유방임형 자본주의에 민주사회주의로 무장한 뉴딜이 도전한 것이다. 뉴딜을 통해 미국은 대공황을 극복하고 2차 대전 이후 세계에서 가장 부유하고 강력한 패권 국가로 올라설 수 있었다. 세 번째로 미국이 맞이한 도전은 1960~1970년대의 민권 운동, 반전 운동 그리고 신좌파 문화 운동이었다. 뿌리 깊은 인종 차별의 철폐, 기존의 정치 구도에 대한 환멸과 미국식 제국주의에 대한 비판, 소비주의적 삶의 방식과 문화, 기성세대의 고답적 사고방식과 행태를 바꾸려는 전례 없는 사회적 노력이었다. 미국은 이 세 번째의 도전을 제대로 극복하지 못한 채 혼란 속에 봉합해 두었다. 그리고 네 번째의 도전에 당면했다. 그것은 오늘날까지도 이어지는 1980년대의 신보수-신자유주의라는 사상적 전환이다. 본질에서 이는 새로운 도전이라기보다 뉴딜 체제와 1960~1970년대의 혼돈에 대한 반동이다. 반동인 만큼 내용은 실상 자본과 권력을 소유한 기득권 집단의 귀환이다. 이 때문에 그것은 이미 오염과 추락의 결과를 내재하고 있었고, 지금까지 계속되는 많은 문제의 원인이 되고 있다. 작금의 미국이 당면한 가장 큰 어려움은 세 번째의 도전을 포용하면서 신보수-신자유주의 체제라는 반동의 질서를 넘어설 이정표가 분명치 않다는 것이다.

신보수-신자유주의 체제가 빚는 긴급한 문제들을 재정리하면, 첫째는 국가/정부와 자본/기업의 유착, 거기에서 비롯되는 계급·계층 간의 불평등과 적대적 대립이다. 둘째는 사회 구성원들의 정치적 자유와 평등, 정치적 존재로서의 시민이라는 가치와 규범을 평가절하하면서 민주주의의 틀과 조직체 그리고 민주적 통치 문화를 주변적 가치로 밀어내는 것이다. 셋째는 사회 구성원들로 하여금 당면한 문제와 벌어지는 사태의 진실을 외면하고 정치적 자유, 사회적 평등, 경제적 안정과 같은 민주주의의 규범에 대한 무관심을 유도하는 것이다.

이 같은 신보수-신자유주의 반동 체제의 본질적 문제들을 감안할 때 우선 생각해 볼 수 있는 대안은 북유럽 국가들이 걷고 있는 노동 계급을 중심으로 하는 민주사회주의로의 길이다. 성급하게 들리겠지만 그것이 현 단계에서 가장 유력한 선택으로 보인다. 또 미국 사회에서 그 길을 향한 적극적인 움직임도 산발적인 형태이기는 하지만 적지 않게 전개되고 있다. 문제는 지금의 민주당이 그 길로 담대하게 나설 수 있는지의 여부다. 이와 맞물려 있는 대안의 두 번째 요지는 극우를 배제하는 공화당의 각성과 결단을 통한 정치적 전환이라는 길이다. 경제적 불평등의 위험성을 문제 삼으면서 독점 기업의 폐해를 지적하고 규제의 필요성을 역설하는, 새로이 등장하는 젊은 보수주의 논객들―흔히 탈자유지상주의자라 불리는 post-liberals―이 제시하는 방향이기도 하다.[90] 문제는 지금의 공화당이 그것을 소화할 역량과 의지를 가지고 있느냐다. 요약하면 민주당의 민주사회주의 정당화로의 길, 공화당의 합리적 보수 정당화로의 길, 그리하여 두 정당이 일정한 협치의 틀을 복구하는 것이 작금의 위기를 건널 수 있는 도약의 길 중 하나로 생각된다. 이는 매우 거시적 틀의 이정표다. 또 지금까지의 논의에 비춰 볼 때 가능

---

90 G. Birenbaum and P. Longman, *Inside Tucker Carlson's brain: Post-liberal intellectuals reshaping conservatism*, The Washington Monthly (2022. April). 이들 젊은 보수 논객들은 2007년 창간된 National Affairs, 2017년 창간된 American Affairs 등의 계간 시사 잡지를 주무대로 활동하고 있다.

성은 대체로 비관적이지만 전적으로 불가능한 것도 아니다.

이와 관련 특히 주목할 것은 미국에서 사회주의에 대한 인식과 태도가 긍정적인 방향으로 달라지고 있다는 점이다. 이 같은 변화를 가져온 가장 중요한 계기 중 하나는 오바마 정부의 2007~2008년 금융 재난 수습책에 대한 비판 차원에서 2011년에 전개되었던 '월가 점거 운동'이다. 여기에는 1982년 결성된 '미국 민주사회주의 연합(Democratic Socialists of America 약칭 DSA)'이라는 진보 정치 단체의 지속적인 활동이 크게 기여했다. 또 하나 도약의 계기는 2016년 대선 후보로 나서면서 사회주의의 깃발을 높이 들었던 버니 샌더스 상원 의원의 선거 운동이다. 이 두 운동이 커다란 대중적 분기점이 되어 사회주의는 '공포의 이데올로기'가 아니라 젊은 세대의 지지를 받는 대안의 이념으로 자리를 넓혀가고 있다. 이뿐만 아니라 '민주사회주의 연합' 소속 정치인들의 연방 의회 진출, 자치단체장이나 지역의 공공 기관 위원 당선 등이 소규모지만 꾸준히 이어지고 있다. 이와 함께 미국 곳곳의 기업(예: 구글, 스타벅스, 아마존, 켈로그 등)에서도 노동자들의 파업, 노동조합 결성 운동이 다시금 활기차게 진행되고 있다. 이는 지난 수십여 년 동안 찾아보기 어려웠던 진보적 이념의 흐름이 되살아나고 그것이 각 영역으로 확산되면서 실체적 조직으로 이어지고 있음을 보여 주는 사례들이다.

사회주의가 부재한 미국을 다룬 책에서 좀바르트는 "그동안 사회주의의 발전을 가로막은 여러 요인은 사라질 것이고 오히려 정반대의 환경이 조성되면서, 차세대 사회주의는 미국인들의 큰 관심을 받으며 널리 확산될 것"이라고 예언했다. 그 이후 100여 년이 넘는 시간이 지났다. 불과 얼마 전까지만 해도 그의 예언은 완전히 틀린 것으로 받아들여졌다. 그러나 이제 상황이 달라지고 있다. 정도와 범위에 관해서는 좀 더 두고 봐야겠지만 변화가 있는 것은 분명하다. 미국 사회주의에 대한 좀바르트의 예언을 이즈음 다시 들여다보게 된다.

미국 진보 정치 운동의 미래에 대한 논의는 이 책에 이어지는 다음의 과제이다. 보수에 대한 문제 제기를 넘어 미국 진보에 대한 비판적 성찰을 주제로 하는 작업이기 때문이다. 이에 관한 추후의 노력을 예약하면서 책을 마무리하고자 한다.